樹木・雑草篇

コタン生物記 I

更科源蔵・更科光

青土社

コタン生物記Ⅰ　樹木・雑草篇

―目次―

植物の世界 1

樹木篇 茸類を含む …… 7

樹木とは 9
衣服を提供する木 … 11
オヒョウ 12
シナノキ 16
ツルウメモドキ 17
ガンコウラン 19
焚木にする木 …… 21
ハルニレ 22
ヤチダモ 26
アオダモ 27
シラカバ 28
ウダイカンバ 29
ダケカンバ 30
ドロノキ 30
ナナカマド 33
食糧を提供する木 … 35
カシワ 36
オニグルミ 39
クリ 41
ヤマブドウ 43
シラクチヅル 44
マタタビ 46
ミヤママタタビ 46
ハマナス 47
エゾイチゴ 48
クマイチゴ 48
クロイチゴ 49
トガスグリ 49
エゾノコリンゴ 49
アズキナシ 50
クロミノウグイスカグラ 51
アキグミ 52
イソツツジ 52

ツルコケモモ 53
マイタケ 53
その他の食糧茸 55
カブトゴケ 55
ヤドリギ 56
家造りと家財……… 57
ハシドイ 58
トドマツ 60
丸木舟にする木…… 62
カツラ 66
エゾノバッコヤナギ 70
トカチヤナギ 71
道具をつくる木…… 73
ホオノキ 73
イタヤ 75
エゾマツ 76
ノリノキ 78
ハリギリ 79
シウリ 80
エゾマユミ 80
コマユミ 81
ヤマグワ 81
エゾヤマザクラ 82
ネマガリダケ 83
イチイ 84
ツリバナ 85
ベニバナヒョウタンボク 85
矢毒になる木……… 87
ニガキ 87
ナニワズ 88
薬にする木………… 90
ケヤマハンノキ 90
ミヤマハンノキ 93
エゾハンノキ 94
クロウメモドキ 96
ホザキナナカマド 96
ミヤマウコギ 97
チョウセンゴミシ 98
ハナヒリノキ 99
ハイマツ 99
ヒロハノヘビノボラズ 100
エブリコ 101
魔物を逐う木……… 102
イヌエンジュ 102
エゾニワトコ 105

キタコブシ 108
エゾノウワミズザクラ 109
ミズナラ 110
タラノキ 111
エゾウコギ 112
カンボク 112
ハイネズ 113
ホグチダケ 113
木幣について …… 114
ナガバヤナギ 119
カラフトキハダ 121
ミズキ 123
コシアブラ 125

その他の木 …… 126

トチノキ 126
オオバボダイジュ 127
アサダ 127
サワシバ 128
クロミサンザシ 128
ヤマナラシ 129
シャクナゲ／エゾユズリハ 129
エゾムラサキツツジ 130
ヤマツツジ 130
ネムロプシダマ 131
ヤマウルシ 131
ツタウルシ 132
タカネイバラ 132
ツルアジサイ 133
ヤマアジサイ 133
エゾヤマハギ 134
ホザキシモツケ 134
イヌコリヤナギ 135
ムシカリ 136
ハクウンボク 136
オオバスノキ 136
プンカウ・カルシ 137
サルオガセ 137
キツネノチャブクロ 138

雑草篇 海藻・農作物を含む …… 139

食卓 141
フキ 141
ヤブマメ 144

エゾエンゴサク　146
ギョウジャニンニク　146
ウバユリ　148
ザゼンソウ　151
エンレイソウ　152
フユノハナワラビ　154
ニリンソウ　155
エゾノリュウキンカ　155
ヒトリシズカ　156
クロユリ　156
エゾスカシユリ　157
クルマユリ　158
カタクリ　158
ゼンマイ　159
ノビル　160
エゾネギ　160
タチギボウシ　161
オニノヤガラ　162
ガガイモ　162
ユキザサ　163
エゾニュウ　163
アマニュウ　164
ハナウド　165
ウラジロイタドリ　166
オニシモツケ　167
ヒルガオ　167
ハマヒルガオ　168
バアソブ　168
ツリガネニンジン　169
カラハナソウ　169
アザミ類　170
ミツバタネツケバナ　171
アイヌワサビ　171
イチゴ類　171
ナギナタコウジュ　172
ヤマゴボウ　173
ハマエンドウ　174
カワラハハコ　174
モミジガサ　175
ヒシ　175
コオホネ　178
バイカモ　179
コンブ　179
ワカメ　180
薬草……181
スミレ　181
ミズバショウ　182
フッキソウ　183
オシダ　184
クジャクシダ　185

マイズルソウ 186
ウスバサイシン 186
ナルコユリ 187
オオアマドコロ 187
ウド 188
サイハイラン 189
イケマ 189
オオバセンキュウ 193
ハンゴンソウ 193
ノダイオオ 195
ノブキ 196
ツルニンジン 196
ヤマシャクヤク 197
ゲンノショウコ 198
エゾミソハギ 198
エゾレンリソウ 199
カラマツソウ 199
オオバコ 200
ミチヤナギ 200
ツリフネソウ 201
ハコベ 201
クサノオオ 202
キジカクシ 202
ノコギリソウ 203
トリカブト 203
エゾテンナンショウ 208
ドクゼリ 210
ショウブ 210
ヨモギ 211
エゾオグルマ 215
ダイコンソウ 215

魔除けと呪術用の草 …… 216

クサソテツ 216
バイケイソウ 217
センダイハギ 218
オオバタケシマラン 219
ヒカゲノカズラ 219

住宅用の草 …… 221

ワラビ 221
ササ 222
オオイタドリ 224
オギ 225
カヤ 226
アシ 227
ガマ 228
フトイ 230
オオカサスゲ 230
カサスゲ 231

衣類と履物用の草 …… 233
オオバイラクサ 233
ムカゴイラクサ 235
ワタスゲ 236
楽器にする草 …… 237
ヨブスマソウ 237
テンキグサ 239
その他の草 …… 241
フクジュソウ 241
タンポポ 244
オオサクラソウ 245
コジャク 245
スズラン 246
ネマガリダケ 247
アカザ 248
アヤメ 248
エゾカンゾウ 249
クサフジ 250
キツリフネ 250
コンロンソウ 251
イシミカワ 252
ミゾソバ 252
トクサ 252
スギナ 253
オミナエシ 253
ノガリヤス 254
ヤブジラミ 254
ヤブタバコ 254
キンミズヒキ 255
ホオズキ 255
エゾアブラガヤ 256
ハマニガナ 256
エゾアゼスゲ 257
マリモ 257
ミズゴケ 258
アマモ 259
農作物 …… 260
アワ 260
ヒエ 262
センダイカブ 263
ジャガイモ 264
その他の作物 265

植物の世界

昔のアイヌの人たちは、植物も動物と同じ神であって、神の国で植物は人間と同じような日常生活をしていると考えていた。

だからアイヌの人たちは、草や木を生えているとはいわず、坐っているという。また木の幹をニ・ネトパ（木の胴体）、根をニ・チンケウ（木の脚）、枝をニ・テㇰ（木の腕）もしくはニ・モン（木の手）といい、幹の木質部の白いところをレタㇽ・カㇺ（白い肉）、赤いところをフレ・カㇺ（赤い肉）と呼んでいる。

であるから、厚司《アッシ》を織るために木の皮をはぐときには、木の着物を借りるといって、必ず着物を貸してくれた木の神に、お礼のための煙草や食物を供え、北側に残された着物（樹皮）の一部が風に飛ばされないように帯をしめるのである。樹液のことはニ・トペ（木の乳汁）といって、乳汁の少ない母親は木の神に願い、お乳を貸して下さいといって、甘い樹液を出すイタヤの木の枝を煎じて飲む。また皮を削ると赤くなるハンノキはケネ（ケㇺ・ニで血の木の意）といって、傷をつけられると血を流す生きた神であった。

であるから、立木の一本一本をシㇽ・コㇽ・カムイ（大地を持つ神）といい、特に附近でひときわ目立つ大木は樹神の頭として、シㇽ・アンパ・カムイ（大地をお持ちになる神）といって、特別にうやまい尊ぶのである。

しかし神といういかめしい存在だけではなく、時には歌ったり踊ったりもするし、男女の性別もあって、より人間的であるともいえる。たとえばシロバナエンレイソウはマチネ・エマウリ（女性のイチゴ）といい、エンレイソウの方をピンネ・エマウリ（男性のイチゴ）と呼んでいる。フキノトウも雌性頭花をピンネ・マカオ（男のフキノトウ）、雄性頭花をマチネ・マカオ（女のフキノトウ）などと区別して呼び、太い穂状に突き出たのをチ（陰茎）といっている。またエゾムラサキツツジをハシポ・ケウシュツ（ツツジ叔父さん）、ヤブマメをアハチャ（ヤブマメ伯父さん）、エゾツリガネニンジンをムケカシ（ツリガネニンジン爺さん）、カシワの木をコムニ・フチ（カシワおばあさん）と親しみをこめて呼ぶのは、それぞれに昔の生活と深いかかわりあいがあったからであり、適当に名付けたものではなかったのである。

これらの神々である植物は、天上の神の国から人間の為に役立つようにといいつかって、地上におろされたのであると伝えられている。その創成されたばかりの裸地に最初におろされたのは、ハルニレとイチイとヨモギとであると神話で伝承されている。これもたんなるつくり話ではなく、ハルニレやイチイやヨモギが昔の生活と特に深くかかわっていたことを物語るものである。

神話で女神として語られるハルニレをチキサニ（われわれの擦る木）と呼んでいるのは、昔この木を擦り合せて火を出す発火器にしたからである。しかも一度火がつくと少しくらいの雨では消えることがないし、一本になっても燃えつづけるので、炉火を消すことなく火種を守りつづけることができる。またこの木の真皮の繊維を糸にして布を織り、衣類や履物をつくるなど、北の寒地生活には重用な存在であった。

イチイは漁撈や狩猟生活になくてはならない弓や、多くの漁具をつくる木であり、また人間の言葉を神に通訳して伝える、奉酒箸《イタパシユイ》をつくるのにもこの木が多く用いられた。家の柱にするのにもこの木が最もよいとされている。

ヨモギはその独自な芳香（体臭）によって、人間を襲う病魔たちをおどす番人であり、これでつくった草人形には魂が入って、忍びよる流行病を人間界に近寄らせまいとするのである。またヨモギは血止めや湿布として、またさまざまの病気に内用、外用薬として用いられる万病の薬であった。さらにこの枯れ茎は焚付けとしてもすぐれていて、これを燃やすと火の神が大声をあげて喜ぶという。

天上から最初におろされたという植物は、どれもこれも昔の生活になくてはならない最も重要なものばかりだったのである。

ヨモギの他にもイヌエンジュ、エゾノウワミズザクラ、ナナカマド、エゾニワトコなど、それぞれいやな臭気（体臭）をもつ植物は、その強い体臭によって自然の奥深いところにたむろする魑魅魍魎が人間生活に近寄らないように、棘によって武装した木と一緒に、道の追分けや家の入口、窓のところを警戒してくれる神であった。

また神の足と呼ばれている毒のあるイケマの根を、魔除けとして山狩にも沖漁にも、護符のように必ず持ち歩いたのは、それなりの効果があったからであろう。

本州でも毒の代名詞に使われたブシは、クマの神にまつわりつき誘惑し酔わせて、人間のところに案内してくる神であった。もっとも、はじめはその使い方を知らなかったらしく、この植物の発見にまつわる説話が伝えられている。

その他多くの植物は、人間のため衣料を提供したり、食糧とか薬、住宅材などそれぞれの使命をもって天上からおろされたのであるが、さっぱり人間生活に役にたたない木や草もある。ドロノキがヤイ・ニ（ただの木）とか、魔物の棲む木という名で呼ばれるのは、枯木になっても容易に燃えないし、用材としても折れ易くて、さっぱり役にたたないからである。なお、トリカブトの中でも毒性の弱い、役にたたないものをセタ・スルク（イヌのトリカブト）と呼び、イヌビエをセタ・アマㇺ（イヌの穀物）と呼ぶが、セタ（イヌ）とかチロンノㇷ゚（キツネ）という言葉のつく植物は人間の役にたたないものである。

紅く、いかにもおいしそうではあるが食べられないスズランの実を、チロンノㇷ゚・フレㇷ゚（キツネのイチゴ）といい、大事な食草であるギョウジャニンニクの葉に似てはいるがやはり食べられないこの草の葉茎部を、セタ・プクサ（イヌのギョウジャニンニク）といって顔をしかめる。北国の名花スズランも部落《コタン》では台なしである。

農耕民である本州人は、秋の稔りを約束する花に対して非常に敏感であるが、農耕をしなかった時代のアイヌの人たちは、花に対してほとんど関心を示さなかった。それは植物の花というものが生活とあまり関係がなかったからである。花の中で名のあるものはフクジュソウとアヤメくらいのものである。フクジュソウが咲くとイトウという魚が川にのぼって来るというので、チライ・アパッポ（イトウの花）と呼び、アヤメが咲くのはマスが川に入った知らせであるとして、イチャニウ・アパッポ（マスの花）と呼ぶのであるが、それも全般的ではなく、ある地方だけの呼称にすぎない。それほど花は昔の生活にかかわりあいがなかったのである。花ばかりではなく、昔は食草にしなかったミツバやセリなども、名前すらつけられていない。一方、本州では一般に名前の知られていないミツバタネツケバナを、シペ・キナ（サケ草）と呼んでいる。サケを煮て食べるときの調味料として使用したからである。

舟とか臼、厚司《アツシ》など、植物でつくった道具類が使えなくなったときには、お礼の木幣《イナウ》をつくってそれを山の方に持って行っておさめ、魂を神の国に送り返し、決してこわして焚物にしたり捨てたりはしない。すべてのものに神性を認めていたからである。

樹木篇

茸類を含む

樹木とは

樹木のことをアイヌ語ではニという。ニというのは樹木などという血も涙もない冷たい物体ではなく、人間生活のために色々と協力してくれる仲間であり、それは人間とも似ているが親しい神といった方がいいかもしれない。織物の厚司《アッシ》になるオヒョウやオオバボダイジュの木は、自分の着物を脱いで繊維を提供してくれる同志であり、ハルニレは発火器になり火の神を生んでくれる協力者である。またハンノキは表皮に傷をつけられると、生きているものだから赤い血がにじんでくるし、カツラとヤチダモで舟をつくったら、人間によく使われるカツラと、あまり可愛がられないヤチダモとが、夜中に女の姿になって争ったという話も、木や舟に魂があるからである。

それらの、神であり人間生活の協力者で仲間である樹木たちの居住地には、それぞれにカツラの多いところ、カシワやクルミ、ヤチダモ、ハンノキ、オヒョウ、トドマツ、エゾマツ、カバの多いところとか、舟をつくるところ、帆柱や銛の柄、あるいは家材や薪を伐りだすところというように、多くの地名がつけられ今日もそれが残っている。開拓や開発が進んで自然状況がすっかり変わりはててしまっても、この地名をたどって行くと昔どんな林相であり、その附近に昔住んでいた人たちがどんな生活をしていたかを、復元することができる重要な足がかりにもなるのである。

また星も見えない闇夜の山中で道に迷ったとき、方向を教えてくれるのも樹木であった。暗闇で木肌にふれてみて、皮のすべすべしている方が南で、苔の生えている方は北であることを樹木は物語ってくれるのである。釧路塘路の老婆たちが山で大木に出合うと、「木の神さま、煙草をさしあげますから、何事もなく家に帰れますようお守り下さい」といって祈願するのは、木が道案内をしてくれるからである。

衣服を提供する木

北方の寒い地方で生活する人々が、古くは野獣や海獣の着物である毛皮や、魚や鳥の衣服である魚皮や羽皮をかりて生活していたことは、古い風俗画などに描かれ、また古記録などにも記されている。北千島やサハリン海岸の衣類について、一八〇五年この地方を探検したクルーゼンシュテルンの記録に「衣服はたいてい家畜とされた犬及び海豹の毛皮よりなっている。アニワ湾ではすべて毛皮を着てゐた」(羽仁五郎訳)とあり、明治時代に千島を調査した鳥居龍蔵の『千島アイヌ』にも「エトピリカの皮を内にして毛を表にし、外部に此鳥の足の赤い皮や犬の毛を装飾にして着ている」とある。が、クルーゼンシュテルンの報告の中にも「これに反してロマンツオク湾では、予は毛皮の衣服を着てゐる者を僅か二人見ただけであった。〔中略〕他の者はいづれも黄色の粗い地の衣服をまとってゐた」(羽仁五郎訳)とあり、「黄色の粗い地の衣服」というのは、本州から機織器と技術が入って、オヒョウの樹皮の繊維で厚司《アツシ》を織るようになったことを物語っているものであろう。

厚司にしたものはオヒョウ、オオバボダイジュ、古くはハルニレなどの真皮の繊維であった。染料には、黒くするにはクルミの樹皮や果皮、あるいはカツラやカシワの皮の煎汁で煮て、鉄分のある湿地につけた。またアオダモの煎汁、ケヤマウコギの実などでも染めた。赤くするにはハンノキ、カシワ、エゾマツの真皮の煎汁を使い、黄色にするにはキハダの真皮、紫はガンコウランの実を噛み砕いたもので染めたという。また釧路地方ではアオダモで青く染めることもあったという。

縫糸にはオヒョウの皮を剝いだあと、木肌に残っている繊細な繊維を小刀でこそげおとして採取したものか、ツルウメモドキの繊維を縒りあわせたものが使われた。

オヒョウ

天地開闢のとき、地上のすべてはまだ裸のままであったが、大雪山系のオプタテシケ山頂に、天上界にも見られないほど美しいハルニレと、オヒョウの女神の姿が見えたので、天上の神々の間では大騒ぎになった。そのうちでも雷神が一番熱心に身体をのりだして女神の姿を見ていたが、うしろからポンと背中を押されたので足を踏みすべらし、まっさかさまに地上の女神の上に落ちた。そのため女神たちはそれぞれみごもって、ハルニレ媛《ひめ》からは顔の赤い人間の始祖アイヌラックル（人間臭い神）が生まれ、オヒョウ媛からは色の白いポイヤウンペ（小内陸人）が生まれたが、山頂は風当りが強いのでそのままでは子供を育てられないので、それぞれ自分の着物である樹皮を脱ぎ、それで子供に着物をつくって着せて育てた。

これは釧路地方に伝わる伝承であるが、この一見して荒唐無稽なお伽噺と思われる物語の中には、太古の人々がこれらの木に落ちた雷によって火を得、またこれらの樹皮の繊維によって衣服を得て、寒冷地帯での生活が可能になったことが物語られているのである。

オヒョウのことをアイヌ名ではアッ・ニ（アッの木）といっている。アッとは知里博士の説によると元来紐ということだそうで、この樹皮の繊維で紐をつくっていたのでアッ・ニ、つまり紐をとる木と呼ばれるようになったのだという。

本州から機織《はた》の技術と道具とが入ってからは、樹皮の繊維から糸をとっていわゆる厚司《アツシ》が織られ、また大阪地方で織られた厚くて丈夫な木綿織も厚司と呼ばれるようになった。もともと厚司はアイヌ語のアッ・ルシで、オヒョウ皮の着物《ルシ》という意味である。

この着物をつくる材料である樹皮を採るのは、春の彼岸に樹液ののぼる頃と、秋の落葉の頃とで、春四月のことをアッラップと呼ぶのは、オヒョウ皮を剝ぐ月の意であるという。秋十月を木の葉の皆おちる月と呼ぶのも、この皮を剝ぐための季節暦である。夏でも剝げないわけではないが、夏に剝いだ皮の繊維は弱いのだそうである。

この木の皮を採りに行くのは多く女の仕事であるが、男でも採りに行くことがある。誰が採りに行くにしても、出かけるときには必ず家の火の神に祈り、火の神から山林を支配する神に理由を伝えてもらい、決して無断で山に採取に出かけるということはしない。また山に入っても、必ずカツラやカバ、ナラの大木をシリコㇽカムイ（山を支配する神）として、それに（酒のかわりとして）米と麴をあげて祈願する。

またオヒョウの木であればどの木の皮でもよいというのではない。若い木のものは皮が薄くて弱く、老木の繊維では弾力がない。直径二十センチから三十センチくらいの木を選び、

「火の神を通じてたのんであるが、あなたの着物を頂かせて下さい。そのかわりにこれをさしあげます」

といって、女は煙草だの混ぜ御飯などを供え、男だと木を削った木幣《イナウ》をあげてから、刃物で木の根元の方に傷をつけ、梢の方に向かって剝ぎとる。

剝ぎとるときも丸裸にして枯らしてしまうというような無神経なことは決してせず、北側の皮の薄い部分は残して、

「風に飛ばされるといけないから、帯をしてあげるヨ」

といって剝ぎとった一部で帯のように樹幹を縛る。剝ぎとる厚い方は木の背中で、残す薄い方が腹であるという。木をたんなる植物ではなく、人間と同じように生活する人格的存在としているのである。であるから厚司《アッシ》を使い古してボロになると、裏山の人の踏まないようなところに持って行き、また山林の神に戻すのである。

山で採った樹皮は表面の粗皮《あらかわ》を取り去って、内皮の部分だけを持ち帰り、温泉のあるところでは温泉に、そうでないところでは沼や水たまりに石をおもりにして浸す。温泉だと一週間くらい、水たまりだと三週間ほど浸してから取り出し、乾竿にかけて乾すと樹皮は薄い紙のように一枚一枚に剝がれる。それを適当に裂いて両手で縒りをかけて糸にし、糸玉にして織機にかけて織るのである。

皮を剥いだ木に帯をしめる

北海道の地名で厚田、厚床、厚内、厚別、厚真《あずま》、厚岸《あっけし》、厚軽臼内など厚という字のついたものや、片仮名でアッカルシナイ、アッオロウシなどのアッという音のついたものは例外なしにオヒョウ皮を採る沢とか、オヒョウ皮をいつも潤すところなどの意である。その分布は全道的であり、衣服の材料のある場所を示したものである。

シナノキ

新潟県の北部山岳地帯では、今日でもシナノキの内皮の繊維で織るシナ布という布をつくっているということであるが、厚司《アツシ》を織るオヒョウの樹皮が容易に入手できなくなってからは、コタンでも近年はもっぱらこの木の皮を代用にしている。昔は織物にはせずに細い縄にして魚をとる掬い網や、袋網などをつくる材料にした。草小屋をつくるときの縄はこれを用いたし、狩に行くときの脚絆もこれで編んだ。

この木の皮をニペシとかシ・ニペシという。知里辞典によればニペシとは「木からもぎ取った裂片」という意味らしいとある。たしかにこの木の皮を剝ぐところを見ていると、オヒョウのように下から上に剝ぎとり梢までも剝げるのではなしに、上の方に傷をつけて下の方に引き剝がすのである。だからそう長くは剝げない、たしかに木からむしりとったという感じである。クペルケルケプとかククケルケプというところもあるが、これも「共に裂けるもの」という意味のコペルケプであろうという。

この木の多いところはニペシニウシナイ（シナノキの多い川）とかニペシナイ（シナ皮川）などという名で呼ばれ、この材料の豊富であった天塩川筋などでは、シナ皮の縄をつくってそれを交易品として漁場に取引に行ったという。

内浦湾の長万部《おしゃまんべ》ではカジキマグロをとりに沖に行くときには、この木でつくった舟に乗って行ったという。他の木でつくった舟であると、カジキマグロの鋭く尖った吻で突かれると裂けてしまうが、この木の木質はしなうので吻で突かれても割れることがないという。

ツルウメモドキ

私は褌もはずして真裸になり、木にのぼって木の枝にぶらさがってワサワサと身体を振った。すると私の身体の中から烈しく風が吹き出して、物凄い勢いであたりの木や草をバラバラに吹き千切り、人間の村を目茶々々に吹き倒したので、土煙は真黒く大空に舞いあがり、こわれた家々に火がついて龍巻のように火が立ちあがった。子供の手を引いた母親や女たちの呼び合う声が、風と火のうなりの中に物凄くきこえた。

それを見た私は自分のしたことに満足し、なおも身体中の力を出しきって身体をゆすっていると、こんなとき誰も来るはずがないのにと思っていたのに、貧弱な姿をした一人の男が、ヨモギの弓とヨモギの矢をもって平気な顔をしてやってきた。「何奴だろう」と見ていると、男は立ちどまって「俺は火の神に頼まれて来たのだからよく聴けよ」といって私のまわりをまわった。私が耳をすまして聴いていると、突然男の持っていたヨモギの矢が私の目に刺さった。それだけでもたまらないのに、もう一方の目にも二の矢がつき刺さったので、私は両手をはなして木の枝からドシンと落ちて、それきり気を失ってしまった。しばらくしてやっと気がつくと、男は「お前はいい気になって神の部落や、人間の村を散々にこわしてしまった。あまりそのやり方がひどいから、一度に殺さずに散々苦しめて、お前のやったことがどんなに悪かったかを知らすためにこんなめにあわせるのだ」といった。私は「自分は神であるのに悪い心をもったばかりに、こんなに苦しんで死ぬが、あまりに情ないから、せめてツルウメモドキになって、人間のために役にたつようになりたい」とたのんだ。こうして私（あばれものの風の神）は、ツルウメモドキにされた。

これは十勝の芽室太の老婆の語ってくれた神謡である。この神謡はどのような生活背景から生まれたものであるか明らかにはできないが、悔い改めた風の神の変身であるツルウメモドキは、依然として他の木の幹にからみつき、木の枝にぶらさがってワサワサとしていて、普通ハイ・プンカㇽ（イラクサ繊維の蔓）と呼ばれている。この皮の繊維はイラクサの表皮の繊維のように強く、縫糸や釣糸にするからである。

皮は春の芽出しの前の残雪の頃に剝ぎ、表皮を取り除いてから雪の中に埋めてさらし、青味がなくなってから乾かし、細く裂いて縒りをかけて糸にする。

秋になると黄色い実が割れて朱色の種が出る。一見おいしそうであるが、人間には食べられない。

カラスなどが寄って食べるのでチカㇷ゚・プンカㇽ（鳥の蔓）などとも呼び、種のことをパシクル・イペ（カラスの食物）と呼ぶのは、食べられそうで食べられない腹立たしい気持がにじんでいるようである。

ガンコウラン

十勝の広尾町にエツキサイという地名がある。エチキまたはイチキはそれを絞って汁を出すということで、ガンコウランの核果のことをこの地方ではイチキマイマイと呼んでいる。つまりガンコウランが一面に生えているところから名付けられた地名である。ガンコウランの果実は生で食べもしたし、オホーツク海岸では厚司《アツシ》の原料のオヒョウの皮の繊維や、イラクサの繊維を紫に染める染料にもした。寛政四（一七九二）年に宗谷に出張した幕吏串原正峯の『夷諺俗話』という記録に「蝦夷人の着するアツシは、薄紫に染たる有。是は何を以て染たる物ぞと尋し所、ソウヤ領のうちチエトマヱといふ所に、フラシノといふもの有、其実也。フラシノは和名浜松といふもの也。是を口中にてかみ崩し、アツシを染たるなりと云り。色合至て見事にて、やはり江戸紫のごとし。則チエトマヱに沢山有」とある。知里博士の『分類アイヌ語辞典』によればオホーツク海岸では、樺太アイヌ語のクラㇱノ（黒いもの）がなまって、フラㇱノと呼ぶのだということである。幕末にオホーツク海岸を歩ぃた探検家松浦武四郎の『廻浦日記』という記録にはクラシノとあって「サルフツの浜に多し、実は桜桃の如し、甘味有、色青きより赤きに及、株濃茶、葉うす青也、土人共好而是を食ふ」とあって染色にはふれていないが、同じ著者の『東蝦夷日誌』では十勝で、また『天塩日誌』でもこの実で厚司《アッシ》を染めるということが記録されている。が、近年になってこれを染料にしたということはきかない。

焚木にする木

山の神さま
私が木を伐るのは
火の神さまの
食糧を採るのですよ

胆振幌別では、昔山に行って薪を採るとき、この歌をうたったという。薪は北方の人間生活に最も大事な火の神様の食糧であって、火の神はこの食糧を食べて活々と活動し、寒さの中で人間をあたたかく抱いてくれるのである。だから汚れた木や腐った木を火の神の食糧にさしあげてはいけない、そんなものを神にあげたりすると目が悪くなるという。

木は人間と同じようにそれぞれ性格があって、いくら枯れていても燃えない意地の悪い木もあれば、生木でもボンボンと燃える威勢のいい木もある。火に入れるとよく燃えるがパチパチ跳る気の荒い木や、おとなしく静かに燃える木もある。夜ねるときには気の荒い木を焚くと、着物や寝具に焼穴をあけるから、おとなしい木を焚かなければならない。

また冬山で夜営をするときには、ふだんは燃えなくて意地の悪いナナカマドの木を下に敷いた上で火を焚く。すると、燃えないナナカマドがロストルの役をして、雪の上でも火はよく燃える。この場合薪として枯木はよく燃えるけれども、燃え終ると直ぐに灰になってしまって、熾が全然残らないから、夜中に起きて薪をつぎたさなければならない。そこで、焚き付けて火に勢いがついてきたら、冬でも生木でよく燃える木を薪にすると、火力が強いばかりでなく燃えつきて焔がおさまってからでも、熾がそっくり残っていて朝まであたたかく抱いていてくれる。生木でよく燃えるのはヤチダモ、イタヤ、アオダモ、ハンノキ、それにイヌコリヤナギなどである。

ハルニレ

ハルニレのことをアイヌ語でチキサニという。チ・キサ・ニとはわれわれがこする木ということで、われわれがこすって火をつくる木という意味である。この木の乾燥したもので本州の燧臼と燧杵と同じものをつくり、こすりあわせて発火器にしたからである。幕末の探検家松浦武四郎の『久摺日誌』という著書の中に、

能く乾たる椴《とど》の木か獼猴桃《クツプンガラ》の木（シラクチヅル）か赤たも《チキサニ》の木の久しく水に浸り晒れたるを以て揉時は上下熱して火出るなり、其木口を吸は火燃出すなり、それを樺皮に附るなり

とあり、ハルニレばかりでなく、トドマツやシラクチヅルも発火器にしたとあるが、最も多く用いた

のはやはりハルニレであったので、この木のことをカラ・ニ（発火器の木）と呼ぶところもある。

日高沙流地方にはこの木で火をつくるまで、色々と他の木を試みにこすりあわせて失敗した話が神話として残っている。はじめドロノキを揉んで火をつくろうとしたが、いくら揉んでも白と黒の揉み屑がでるばかりでついに火にならない。そのうち白い揉み屑が飛び散って、人間を色情狂にする神になり、黒い屑の中からはおそろしい疱瘡神が生まれた。火をつくろうとした火切臼は木原にいて人間に仇をする怪鳥になり、火切杵の方は奥山の怪鳥になって、忽然と人間の前に現われては色々悪戯をするものになった。この失敗のあとでハルニレで試してみると、はじめて金色の衣をまとった火の祖母神が現われて、人間をそのあたたかい懐に抱いてくれるようになった。それでこの木をわれわれが火をつくる木と呼ぶようになった。

『久摺日誌』の発火図

木をこすりあわせて火をつくるばかりではなく、この木の枯れたのに落雷して燃えだし火を得たという神話が全道的に多い。吉田巌氏が長万部で採集した話に次のようなものがある。

太古火の神が天上から天降るときに、右手にハルニレの女神の手をとり、左手に水松の女神の手をとってきた。ところが天の日の神がそれを見て、ハルニレの女神のあまりに美しい姿にうっとりとみとれていたので、ハルニレの女神はそのため懐妊し、人間に生活の道を教えたオキクルミを生んだのである。

この、火の神が天上から天降るということは落雷のことで、天上から火の神と一緒に天降った木であるから、これをこすりあわせると火が生まれるというのである。また他の地方に伝えられる伝承の中には、オヒョウの項で述べたものと大同小異のものがある。

ハルニレの女神は、天上界でも見ることのできないほど美しい女神であったので、天上の神々の間でも大変な評判になり、神々は天上界から首をのばしてこの美しい女神の姿を求めていた。なかでも雷神がことのほか熱心で雲の上から身体を乗り出して、ニコニコしながら女神を見ていたのを、他の神がひょいと後から雷神の身体を押したので、雷神は足を踏みすべらして真逆様にハルニレ媛《ひめ》の上に落ちてしまい、そのためハルニレの女神が妊娠して男の児を生んだ。この子供が文化神アイヌラックルであったが、ハルニレの女神のところは風当りが強くて子供を育てることができないので、女神は自分の皮を剝いで着物をつくってアイヌラックルに着せ、抜くと火の燃える剣を与えて天上の国造神のところに送り、天上で育ててもらうことにした。天上で成長したアイヌラックルは後に生まれ故郷の地上に戻って、黒雲や寒波の魔神と闘って、地上を明るい平和境にし人間の始祖となった。

これらの伝承神話の構成は、根も葉もない作り話ではなしに、実生活の体験の上に組みたてられたものである。落雷による発火はさきにも述べたが、ハルニレの枯木についた火は少々の雨くらいでは消えることなく、そのために山火事などのときに、散々消防隊をてこずらせるのである。おそらく太古の人々は、この燃え出したら最後容易に消えないハルニレの火によって、火というものを生活の中に取り入れることができたから、これほど多くの神話として伝承されたものであろう。

実生活の上で、冬の間の炉火を消さないために、この木のはたす役割は、他の薪とはくらべものにならないほど重要なのである。他の木で焚火をする場合、少なくとも三本以上の薪がなければ火を消さずに燃やすことはできないが、ハルニレについた火は一本だけでも消えることがない。マッチなどというものが自由に得られなかった開拓の当初、本州から来た移民たちはアイヌの人たちに教えられて、炉の中に入れた枯れたハルニレの丸太の先で焚火をした。丸太についた火は夜中に一本になっても消えることなく朝まで燃えつづけ、祖母のように人間を懐に入れてあたためてくれたのである。

またハルニレの女神が自分の皮で、アイヌラックルに着物をつくってやったということは、昔はこの樹皮の繊維でも衣類を織ったということを物語るものであるが、近い時代になってからは繊維が弱いのでこれだけで織物にするということはしなくなった。しかし織物に赤褐色の模様をつけるのに織り込んだり、ガマで編む敷物の模様をつけるのに用いたりもした。その他ではこの真皮を裂いて乾かしたものを噛んで柔らかにし、サケやシカの皮でつくった沓《ケリ》の中に履くケルルンペという、沓下のようなものをつくった。

この北国の生活に大事な木が、どうしてこの地上に生まれたかについて、釧路地方に伝わる神話がある。

世界がまだやっと水と土とに分かれて間もない頃、人間を守護する神々が集まって、人間はまだ外部から侵入してくる魔物たちに、病魔を播きちらされたり、死におびやかされたりしているので、その身辺を何とか護ってやらなければならない、ということになった。そのために夜でも目の見える声の大きなシマフクロウが見張役になったが、その見張台にするものがないのでハルニレを移してシマフクロウはその上に坐ることになった。その効果が現われて人間は次第に多くなり、すでにこの木の上からでは見張りのできない遠くまでひろがってしまったので、さらに高い見張台が必要になり、新しくヤチダモの木を移し植えることにした。

また阿寒ではこの木をチキサニ・フチ（ニレの祖母）とも呼んで、英雄歌棄人《オタスツウンクル》が孤児になったとき、人間になってそれを育て老衰して倒れてからも茸で育てたという話があるのは、この木の半枯れに出る茸のタモギタケがよい食糧であったからである。

ヤチダモ

釧路地方ではヤチダモのことをピンニという。この木は部落の守神であるシマフクロウが、部落を監視するための見張り台として地上に移し植えられたものであるから（男のように）背が高い、それでピンニ（男の木）というのだと教えられ、私もそう信じてきた。ところが知里辞典によると、男の木ならばピンネニでなければならない、ピンニはこの木の煎汁で文身の傷を洗うところからくるピㇽニ（傷の木）か、あるいはこの木が割れやすいことからくるペㇽニ（割れ木）ではないかとされている。たしかにそうかもしれない。この木は冬でも生木のままよく燃えて火力が強いうえに、筋目がよいので非常に割れやすいからである。

カツラのところで述べるように丸木舟にもするが、材質が重いので舟としてはあまり喜ばれない。むしろクマの檻とか住宅の材料、川を堰止める簗杭の材料として使われる。

この皮を丸剝ぎにしたものは家の壁としても美しいし、長く剝いだままの皮はウバユリなどを叩いて潰す容器としても用いられた。

この木の若木は真直ぐに伸びるので、川で丸木舟を押すときの竿になった。ドリ・ドイェ・ウシ、ドリトーシ、鳥通、ドリカルシなどというのは、舟竿をいつも伐る場所に名付けられた地名である。

アオダモ

例外なしにイワ・ニ（山の木）と呼んでいる。ヤチダモなどと同じように生木のままでもバリバリとよく燃えるので、白老辺では山の神の松明などとも呼んでいる。

この木は薪にする他に材質にねばりがあるので弓にしたり、道具類の柄にも用いられた。またこの皮を水に入れておくと青くなるので、それに厚司《アッシ》を織るオヒョウの皮の繊維をつけて青く染めるのにも用いた。

シラカバ

北海道には立牛（紋別市）、達観内（壮瞥町）、多度志（深川市）、タッニウシペッ（カバの木の多い川）、タッカルウル（カバ皮をいつも剝ぐところ）などという地名がいたるところにある。アイヌ語のタッはカバの皮、タッニはカバの木ということであり、こうした地名の分布からカバの皮が昔の生活と大事な結びつきをもっていたことがうかがわれる。

この中でシラカバはたんにタッニともいうが、レタッ・タッニ（白いカバ皮の木）とか、キ・タッニ（光るカバ皮の木）といって、ダケカンバやサイハダカンバと区別することもあった。

カバ皮は最も大事な火の神が直ぐに燃えうつる良質の焚付《たきつけ》になり、また松明にもなった。傷をうけたときの血止めの薬としても大事であった（十勝音更《おとふけ》）。女性が成人した印として唇や手の甲にする入墨は、石器や刃物でつけた傷口に、この皮を燃やした油煙をとってつけたものである。

ソ連には現在でもシラカバからとったジュースがあるが、コタンの人たちも春の山狩に入ったとき、近くに川がないときには五月のはじめ頃まではカバの木の下に野営して、この木に傷をつけて流れ出るタッニ・ワッカ（カバの水）で炊事をした。またこれにコザゼンという草の葉を入れて二、三日おき、この草の葉の少しいがらっぽい味をつけて飲んだという。樺太《サハリン》でもカラフトキハダやクロミサンザシの実の汁を入れて醱酵させ、飲料にしたという。このタッニ・ワッカはいつまでも保存がきくという。

ウダイカンバ

和名でもマカバ、サイハダカンバなどの別名があるが、アイヌ名ではシタッと呼んでいる。本当のカバ皮の意である。千歳ではカリンパ・タッ（巻くカバ皮）ともいっている。石狩川筋では入墨の油煙や、夜営のときに用いる樹液は、シラカバよりも、この木によって得たということである。

この木の皮は厚さがシラカバの皮の何倍もあるが、火にあぶると自由に曲げることができるので、昔は戦争のときに着る鎧にして毒矢や石槍などを防いだというし、皮を水にひたして柔らかくして曲げ、それをシナ皮やオヒョウ皮で綴じ合せ、水を汲む手桶《ヤラキッチ》や柄杓、さらに手籠からカバ皮鍋までつくることができた。

これを十センチくらいの幅に裂いて火に炙りながら、細長く捩って細い割木に挟み、炉の中に立てれば夜の燈火になった。短冊形に切って束ね、夜に漁をするときの松明にもした。

ウダイカンバやシラカバの樹皮は、木質部が腐っても腐蝕するということがない。そこで、天塩川筋では仮小屋などは「皆樺皮にて葺り。惣て此地は樺皮を以て葺所多きや……」と松浦武四郎の『天塩日誌』にもあるように、屋根を葺く材料として重用された。この樹皮で屋根を葺き、その上に土をのせる、いわゆる土屋根にしても何年も腐ることがないので、開拓当初の移民たちもこの知恵に教えられて、山百合の花の咲く風流な小屋に入っていたものである。

釧路の阿寒町はもと舌辛村といったが、それはシタッカルナイ（ウダイカンバの皮を剝ぐ川）からでたものであった。

ダケカンバ

神のシラカバを意味するカムイ・タッニと呼ばれている。なぜ神のシラカバと呼ぶのか明らかではないが、日高様似で聴いた話では、アポイ岳には山の神の杖だというダケカンバがあり、それをシリコロカムイ（山や大地を支配し領有する神）といって、山に狩に入ったときには必ずこの木に木幣をあげ、山の獲物をさずけてもらうように祈念したという。

また知里辞典によれば、この樹皮を薄く剝がしたものは、怪我をしたとき、ガーゼのように傷口に貼ったので、サランペ・タッニ（絹布のカバ皮木）と呼ぶところもあるということである。千歳ではカパッ・タッ（薄いカバ皮）といって、頭に瘡《くさ》のできたときに膿汁を吸わせたという。

ドロノキ

国造神がこの世のはじめに地上にドロノキを生やした、人々はそれで何とかして火をつくろうとして、一生懸命で木と木をこすり合せたが、いくらこすっても煙ばかり出て、ついに焔は生まれなかった。それでドロノキと煙とは人間から嫌われるようになった。ドロノキの次に地上に現われたのがハルニレで、この木をこすり合せると直ぐ火が現われたので、人々はこれをカムイフチ（神なる祖母）といって、最高の神として尊敬するようになった。ところが先に生えたドロノキから生まれた煙は、それをすこぶる不平とし嫉妬し、ついに疱瘡神になって人間に禍をもたらすようになった。疱瘡の神をパコㇽカムイ（煙をもつ神）というのはこのためであるし、火の神は疱瘡神のあとから生まれた妹でもあるから、炉端で疱瘡神や流行病の話をしてはいけない、それは火の神が人間に対してひどく気の毒がられるからである。また流行病のはやるときにはドロノキを炉にくべるものではない。（満岡伸一『アイヌの足跡』）

これは白老部落《コタン》に伝わる伝承である。ドロノキは国造神が最初に地上に生やした木であるとされるのは、この木が火山の噴火のあとの瓦礫原など、他の植物が容易に芽生えないようなところでも、シラカバなどと共にいち早く生えてくるからである。またいくら枯れてカラカラに乾燥していても燃えにくく、煙ばかりでて容易に焔がでないから、精神のねじけた意地の悪い木と呼ばれるのである。流行病のはやるとき焚いてはいけないというのは、この木を焚くと病気の神が集まってくるからだといわれている。

ドロノキから生まれた魔物は地方によって一様でなく、日高の沙流川筋でも、ところによりまちまちである。白い揉み屑が淫乱の神になり、黒いのからは疱瘡神が、また火燧臼は木原にいる怪鳥に、火燧杵は奥山の怪鳥になったというところもあれば、白い揉み屑が疱瘡神になり、黒い揉み屑がアホウドリになり、火燧臼が世界中の化け物に、火燧杵が木原の怪鳥になったとするところもある。いずれにしてもこの木から生まれたものは人間にとって好ましくないものばかりで、白い揉み屑から生まれた淫乱の神であるパウチという淫魔は、

これ若者よ
柔肌の丘なでさすり
葛の叢かきわけて
谷の低みにおりておいで

などという美事な象徴詩で男性を誘惑し、全裸の群舞をつくって世界中を踊り歩いているといわれている。しかしこのストリッパーたちも北の方に行くと機織の技術を伝える工芸の神であり、層雲峡の柱状節理はこの神の砦であるといわれる。かつて日高地方から山を越えて石狩の富源を狙い、筏で石狩川をくだってきた野盗たちがふとみると、川につき出た岩の上で全裸の女神が踊っていた。ついその姿に魅せられた野盗たちは、舵をとることを忘れて滝壺の底に消えてしまった。裸で踊っていたのは石狩川の守護神であったという。

淫魔がドロノキから生まれるのは、火として燃えず、土の中に埋めると腐りやすい性質の木であるところから出たものであると思われる。また地方によって淫魔の性格がちがい、淫魔をよい神とする

旭川地方では太いドロノキで舟をつくったりした。

北海道の西南部ではヤイニ（ただの木）という名で呼んでいる。燃えないので薪にもならない、何の役にもたたない木という意味である。北東部ではクルニ（釧路ではクルニはヤマナラシのことをいい、ドロノキを川にあるヤマナラシの意のペトルン・クルニという）あるいはクルンニといって、魔物の棲む木という意味で呼んでいる。釧路地方ではこれで神にあげる木幣をつくるところもあるか、千歳方面では薪はおろか家材に使うことも嫌い、この木の洞にはケナシウナルペ（川原の林に棲む叔母）と呼ぶ妖婆が棲んでいる、この妖婆は人間界に流行病をばらまく魔女で、頭はつくりかけの編籠《サラニツプ》のような形をしているという。

樺太《サハリン》では舟をつくったのか、チシ・ニ（舟木）といったと知里辞典にある。

ナナカマド

多くの地方ではエゾノウワミズザクラと同じようにキキンニ（身代りに出て危険を逐いはらうものになる木）と呼んで、病気の流行するとき戸口や窓にこの枝をさしたり、水桶に入れたり、疱瘡のときには炉の焚火にくべたりした。他にパセニ（偉大な木）、マウネニ（搔き屑になる木）、レプンクルイナウニ（沖の神の幣にする木）、チカプセタンニ（鳥のエゾノコリンゴ）などと色々な名で呼ばれている。

キキンニやパセニと呼ばれるのは病魔を逐ってくれるからであり、釧路地方で呼ぶマウネニのマウとは、木質部を細く搔くと出る、脱脂綿のような木屑のことであると知里博士の辞書にある。沖の神の木幣だけでなく、山でクマをとったときにあたりに適当な木幣にする木のないときには、クマの神に持たせる木幣もつくった。石狩川筋でチカㇷ゚セタンニ（鳥のエゾノコリンゴ）というのは、冬に雪が降ってもエゾノコリンゴの実のように真赤な実がついていて、鳥などがついばみに集まるからである。この地方ではこの木で木幣をつくるということはしない。

日本名のナナカマドは、七回竈に入れても燃えないところからつけられたともいわれている。そのくらい燃えにくい木であるから、雪の中で夜営するときは、踏みつけた雪の上にこの木を並べ、その上で焚火をする。下敷になったナナカマドには火がつくことなく、ロストルの役目をして火を燃えやすくする。それで釧路地方にはアペ・ニ（火の木）という別名もあるということである。

高い山にあるミヤマナナカマドはイワ・キキンニ（山地のキキンニ）と呼ばれる。石狩川筋ではカムマニ（肉を焼く木）ともいって、クマの肉を焼く串にしたり、木幣をつくるのに用いた。樺太《サハリン》ではトンコリ（五弦琴）の胴をこの木でつくったという。

食糧を提供する木

昔の食糧の中心は獣肉と魚肉であったが、植物食糧も決して軽視されていたわけではない。カシワの木が孤児になった英雄の娘を育てた、などという伝承はそれを物語っているといえよう。狩をして肉食の食糧を集めるのは男性の仕事であるが、食糧にする植物の蒐集や生産のすべては女性の受け持ちであった。

食糧を提供する樹木とはいっても、これらの樹木が食糧としての面でだけ役立っていたわけではない。食糧となるのは主として果実類であり、木質部もまたそれぞれに人間生活の協力者であった。おいしいクリをどっさりくれるクリの木は、ときに舟を造る原材にもなったし、カシワの真皮は黒い染料を提供してくれた。ヤマブドウの皮からは夏の履物や編手提をつくったし、シラクチヅルの蔓は冬の新雪を歩くときの雪輪をつくる材料でもあり、また薬ともなったのである。

カシワ

山の神さま　ア　ホイホ
あなたのつくったもの
頂きます　ア　ホイホ

林の中でドングリのなったナラやカシワの木をみつけると、老婆たちはこの感謝の歌をうたって木のまわりをうたい踊り、

ドングリ　おちてるよ
ドングリ　おちてるよ

とうたいながらドングリを拾ったという。これは釧路地方にあったドングリ拾いの歌であるが、日高地方にもカシワの木は人間の食糧をつくるために、天上からおろされたものであるといういい伝えがあり、カシワの木のことをコㇺ・ニ（ドングリの木）と呼んでいる。コㇺとは粒という意味だということである。

釧路地方には、英雄の歌棄人《オタスツウンクル》の娘が孤児になったとき、祭壇の傍のカシワの大木が人間になって、孤児を育てたという詞曲がある。カシワはこの木に出る茸やドングリを食べさせて孤児を育て、成長を見とどけると、またもとのカシワになったという。この詞曲は、この木のドングリや、シイタケ、

マイタケなどの茸が、昔から食糧として重要なものであったことを物語っている。
カシワの多い十勝地方ではカシワの大木をコㇺニ・フチ（カシワのお祖母さん）とか、シリコㇽカムイ・コㇺニフチ（山の神のカシワお祖母さん）と敬称し、また次のような伝承がのこされている。

宿なしになったクマの仔がカバの木の伯母さんのところへ行って「伯母さん泊めて下さい」とたのむと、カバの木の伯母さんは気の毒そうに「今年は木の実が少いから泊められないよ」といって断った。仕方なしにクマの仔は隣のカシワのお祖母さんのところに行ってたのむと「さァさァ、泊まんなさい泊まんなさい」と心よく泊めてくれた。仔グマはぬくぬくとカシワのお祖母さんの家に泊まり、おいしいドングリを沢山御馳走になって、無事に寒い冬を越すことができた。

これもたんなる子供を喜ばせるだけのお伽噺ではなく、仔グマが泊めてほしいといったのは、この木の洞がクマの冬眠によく使われるからであり、カバの木の伯母さんが食物がないといって断ったのは、カバにはクマの食べる実がならないからである。実際にクマは秋の終りになると、ほとんどドングリばかりを食べて、十分脂肪を蓄積してから冬眠に入るのである。こうしてふとったクマのことをシケ・カムイ（荷物ある神）と呼んでいる。

この木やカバの大木を人々はシリコㇽ・カムイ（山を支配する神）とかコㇺニ・シランパ・カムイ（カシワの大地を領有し給う神）と呼んで崇拝し、狩をして山を歩くとき、これらの大木に出逢うと、必ず男性《ピンネ》の棒幣《シド・イナウ》をあげる。山を支配する神は女神だからである。また、癲癇などの病気をもっている者は、パウチという淫魔の仕業であるとして、カシワの大木の下につれて行って、この木の神にたのんで着ている着物を鎌で切り、ヨモギの手草《たくさ》で身体を祓い浄めたりもした。

ミズナラの実は長くて味は渋いが、カシワの実は丸くて甘味があるので喜ばれ、秋に収穫して貯蔵し、冬の糧食とした。煮てつぶし、魚油などをかけてニセウ・ラタシケプ（ドングリ混ぜ飯）にしたり、採りたての果実の皮をとったのを灰水で煮て渋をとり、それを臼で搗いたものをニセウ・シト（ドングリ団子）とかニセウ・チョッケプ（ドングリ餅）といって、サケやマスの筋子をつけて食べたりもした。お乳の良く出ない母親は乾した実を粉にして水にとかし、子供に吸わせたりした。これはカシワの木が歌棄人の娘を育てたという詞曲の事実を裏付けるものといえよう。

スズメやトガリネズミの酒盛の神謡の中に、お客に招待されたカケスの神さまが、宴がたけなわになったとき外に出て行って、ドングリを拾って来て、それを酒の中に入れると酒の味がいっそうおいしくなり、集まった神々が喜んで宴が盛りあがったという一節がある。これは、昔ドングリを酒造りの材料にしたり、酒の量を多くするために使ったことを物語っているもので、事実、北見美幌ではこれで酒を醸したという。

またこの木の真皮はタンニンを含んでいるので、その煎汁はクルミの皮と同じように、厚司《アツシ》の繊維を黒く染める染料にした。

ネズミが神さまから大事なものを借りるとき、カシワの葉がおちたときには必ず返済すると約束したが、カシワの葉は冬になっても散らず、やっと散りかけたと思うともう新しい葉が出ているので、神さまはネズミに催促ができなくて困ったという昔話がある。釧路地方では冬になっても葉の落ちない若いカシワを、ポンペロ・コムニ（小さく水々しいカシワ）といい、老木になったのをシ・コムニ本当のカシワ）と呼んだりしている。

カシワをドンニともいうが、カラフトガシワも同じくドンニという。ドンニは知里博士によればコムニと同じく粒の意味であろうということである。

オニグルミ

クマ送りの際、クマが首を締められ祭壇に飾られたあとで、ニヌム・チャリ（木の実撒き）といって、クルミやクリ、乾した小魚などを撒き散らし、それを参会者がきそって拾い集める行事がある。これは悪魔祓いのためにやるのだろうといわれていたが、実はその逆である。クマが首を締められたために、神は一時気絶するが程なく意識が戻り、気がつくと神はクマの屍体を離れて、人間の目には見えない霊的存在になって、クマの頭の上に坐っている。その神の見ている前に、クマであった時代に大好きであったクルミやクリ、乾魚までが天上から降ってくる。それを人々は大騒ぎをして拾っている。神はそれを見て神の国に帰ったときに「人間の国というところはたのしいところだ、冬だというのに空から木の実や魚が降っていて、人間共が大騒ぎをしてそれを拾っていた」と神々に話をする、それをきいて神々が「そんな面白いところなら行ってみるべ」と、人間の好きな肉や毛皮を用意して、クマの姿をして人里の方におりて来る。要するに神様をだまして、人間の国におびきよせる芝居をやっているのである。演劇の発生はこんなところにあるのかもしれない。秋になると冬眠に入るクマはサケやドングリやクリと共に、クルミも殻のままガリガリと食べて脂肪を蓄積するのであって、これをばら撒くことによって悪魔が逃げるということはない。

クルミは一般に実も木もネシコ、またはメシコと呼ばれているが、実のことをニヌム（木の実）といい、木のことをニヌム・ニと呼んで区別しているところもある。クルミの樹皮はカシワと同じように、厚司《アッシ》に織るイラクサの繊維や、オヒョウ皮の繊維を黒く染めるのにも用いる。この皮の煎汁の中に二、三日浸しておき、それをさらに鉄分のあるたまり水の中につけて染めるのである。

本州ではこの木の皮や葉、あるいは外果皮をつぶして川に流し、いわゆる毒流しの方法で魚をとった。この方法がアイヌの漁法にもあったらしいといわれているが、これは何かの誤りであろう。水の神の住む川に毒を流すという不敬なことをするはずがなく、次のような神話もそれを証明している。

魔神の子供がクルミでつくった弓で、クルミの木の矢を川の水源に射込むと、川はクルミの毒水で濁り、川をのぼってきた魚が泣きながら川下に逃げ帰った。そこで文化神オキキリムイの子供が銀の弓に銀の矢をつがえて水源に射込むと、銀の水、清らかな水が流れだし、泣きながら川下にくだったサケが再び元気を取り戻して、川をのぼって来た。

これで見る限りでは、魔神の子供がクルミの矢を使って魚を苦しめ、人間の糧道の邪魔をしたので、アイヌの文化神は銀の矢で清らかな水を復活させるのである。部落《コタン》ではサケののぼるころになると、川水をよごすことを極端に嫌い、決してクルミの毒を川に流すなどということはしなかった。したがってクルミの毒をつかって魚をとる不届き者は、魔神的な異民族とみるべきであろう。

以上のように毒を含んでいる木であるためか、クルミのことを「根性の悪い木」というところもあり、ヘビとオオカミにあげる木幣《イナウ》以外には一般にこの木で木幣をつくることはない。しかし阿寒から北見の美幌方面では、どうしてか木幣の材料に使ったともいわれている。

石狩川流域ではこの実を焦げるほど焼いて水に入れ、しばらく蓋をしておいた水を咳止めに飲んだと知里辞典にある。

クリ

北海道の南西部地方には山越《やまこし》（語源はヤム・ウシ・ナイでクリの多い沢の意）、ヤムオナイ、ヤムクシナイ、ヤムニウシフル、ヤムニウシなどという地名が多い。ヤムはクリの実のことで、当然ながら北東部のクリのない地方にはこの地名はない。この南西部のクリも本来この地に自生していたものではないらしく、大要次のような神謡が伝えられている。

アヨロの神の独り娘は、ポロシリという大事な山の神にかしずいたが、ある日、夫の神が出て行ったきりいつまで待っても帰って来ない。そこで縫物に使う縫針の孔《みぞ》から覗いてみると、夫は石狩の女とねんごろになっていることがわかった。

あまり腹がたつので自分の持物をまとめて、地の果ての、木も草もなく鳥もいないところへ行ってしまおうと出かけたところ、途中で何か身体の変調を感じた。しらべてみると、みごもっていることがわかったので、浮気をしたといっても偉い神の子供を、草木や鳥もいないところで育てるのはすまないと気付き、隣の和人の国に渡って、裏山のススキをよせ集めて小舎をつくり、そこでくらしているうちに男の子を産みおとした。子供はポロシリの神によく似た可愛らしい子供だった。裏山に毎年どっさり稔るクリの実を食べさせてその子を育てていると、子供はいよいよ父のポロシリ神に似てきた。

子供が青年になったとき母親は、これまでの経緯を話し「お前ももう成人したのだからアイヌの国に帰らなければならないが、アイヌの国にはクリがないから、これを持って行ってお前のお祖母さんのいるアヨロに半分蒔き、あとの半分はポロシリに持って行ってそこの山に蒔き、ポロシリの神のあとを継いで、アイヌの国を守りなさい。私は再びアイヌの国に帰らない覚悟でここに来たのだから、この山奥に果てるつもりです」といってクリの入った袋をわたした。息子は、いいつけ通りアヨロとポロシリにそれを蒔いた。ポロシリの神も前非を悔い、自分の座を若いポロシリ神に譲って天上に帰り、天上から月のように美しい顔の女神を若いポロシリ神のところに送り、ポロシリの城には春のような明るさが戻って来た。

これは知里真志保博士の採集した幌別の神話である。

クリは種で移されたものではあるが、古くから重要な食糧としてカムイ・ラタシケプ（神様のご飯）と呼び、尊重された。これを毬から出すときには特別のイタニ（それを掘る木）という棒でこじあけ、決して魔物をおどすのに使う鎌などを使うという不敬にあたることはしなかったし、その道具も使い終ると穀物の糠などをまとめて捨てる、ムルクタ・ヌサという祭壇におさめてイワクテ（魂送り）をした。

クリは食糧ばかりでなく月経不順のときの薬にもなったというし、葉や毬を煎じて咳止めにしたり、果皮を煮てその湯気で脱肛の患部を蒸すなど、医薬的効果もあったと知里辞典にある。

またこの木材は丸木舟をつくったり、家財や家具をつくるのに用いられた。

ヤマブドウ

ハッというとヤマブドウの実のことで、蔓はハッ・プンカルといい、釧路地方ではニカオプ（木の上にあるもの）とかシドカプ（棍棒の皮）などとも呼ぶ。これについて知里博士は「この太い茎から取った皮をsitu-kap『棍棒の皮』とゆうのを見ると、古くこの茎で闘争用の棍棒を作ったのであろうか」（『分類アイヌ語辞典』植物篇、八〇頁）とされているが、山で獲物をとって木幣を立てるとき、もし小刀などの道具を持っていないときには、棒の先にヤマブドウの皮を結びつけると、それでも

ブドウ皮の履物

棍棒木幣《シド・イナウ》の代用になったというから、棍棒木幣の皮という意味でシドカ゚プといったのではないかとも思われる。

この実はもちろん甘く熟して人々を喜ばせたが、未熟の果汁に海水を混ぜ山椒の葉を入れたものを、マスの刺身を食べるときの調味料にしたりもし、またテンナンショウを食べて中毒したときの解毒にもつかった。それは昔ヤマブドウとテンナンショウとが争い、ヤマブドウが勝ったので木の上に登って威張り、テンナンショウは負けたのを恥じて土にもぐったという故事によるものであるともいう。

この植物の細長い茎は滝に遡る魚を獲るための編籠を吊るす張綱に使ったり、昔はクマ送りの綱にもした。子供たちはこれを丸く輪にしてころがし、それを弓で射たり、竿を槍にして突き通したりして、狩猟の練習にも用いた。

皮を剝いだのを裂いて編籠《サラニツプ》（手さげ袋）をつくったり、バッコヤナギと同じように、夏の山歩きをするときの履物であるシド・ケリ（ブドウ皮の履物）を編むなど、利用価値の広いものであった。

シラクチヅル

マタタビと同じ獼猴桃科の蔓性の植物でサルナシともいうが、北海道では一般にコクワという名で呼び、アイヌ名ではクッチ・プンカㇽ（クッチの蔓）と呼ばれている。クッチとはこの蔓になる緑色の酒袋のような実をいうのである。北海道の地名に泊津とか博知石などがあり、博知石には昔、破落戸《ごろつき》が集まって博打をやったところなどという伝説があるが、実はヤマブドウやシラクチヅルのからまり合ったところに名付けられたもので、ハッ・クッチ・ウㇱ（ブドウやコクワの多いところ）は秋に霜が来るようになると紫や緑の実がたわわになって、村《コタン》の子供たちを喜ばせるところである。この実には食べすぎると舌が割れたり、肛門が痒くなる成分が含まれている。これを貯蔵して酒のようにしたということもきいたことがある。

実を採るばかりではなく、この細い蔓は自由に曲がるので、深雪の上を歩くときの雪輪《かんじき》の一種であるチンルというのをつくった。また春先の雪解け頃に幹に傷をつけると樹液が出るが、それを飲むと神経痛や腎臓病によいといわれていた。

日高佐留太（現在の富川）では、急病人が出たときとか、マムシに噛まれたりハチにさされて死んだとき、あるいは部落《コタン》が夜盗に襲われたときなど、この蔓で神をつくって祈ると死にかけた人の魂をも呼びもどすことができるといわれている。この神はクッチ・プンカㇽ・カムイ（シラクチヅルの蔓の神）と呼ばれ、蔓を切ってつくった鉢巻と帯をさせ、鉢巻のところには心臓《サンペ》（火の神から頂いた消炭）を入れる。左の腰にはノヤ・エムシ（ヨモギの刀）をさし、左手にはヨモギの槍を持たせた。念入りにつくるときはブドウの皮をきせたという。

マタタビ

アイヌ語でもマタタンプというが、知里博士はマタはアイヌ語の「冬の」で、タンプはタブで「つと」の意ではないかとされている。またシラクチヅルにくらべてまずいので、日高荻伏ではチカプ・クッチ（鳥のシラクチヅル）、有珠辺ではエカシ・クッチ（お祖父さんのシラクチヅル）、日高様似や近文ではカムイ・クッチ（魔物のシラクチヅル）とも呼ぶとあるが、阿寒辺や十勝芽室ではミヤママタタビをアイヌ・クッチ（人間のシラクチヅル）といっているので、これと比較する意味もあったようである。

ミヤママタタビ

濃緑の葉にあやまって白ペンキを零したように白くなり、それに紅が加わってくると葉陰で甘い香りのする白い花がしきりに昆虫たちを誘惑する。そしてやがて甘い酒袋に変わる。

これも名寄や北見、十勝山中ではチカプ・クッチ（鳥のシラクチヅル）とか、チル・クッチ（これもチリ・クッチで鳥のシラクチヅルの意か）と呼ばれている。屈斜路など釧路川筋ではシルクッチと呼んでいるが、これもチリ・クッチの訛りではないかと知里博士はいっている。ところが、なぜか阿寒では逆にアイヌ・クッチ（人間のシラクチヅル）と呼んでいる。

ハマナス

普通ハマナスの実をマゥと呼んでいる。種をとり去った肉質部は豊かな栄養素を含む食糧となった。もちろん生でも食べられるし、乾燥して貯えておけば欠かすことのできない冬のビタミン食となった。クマ送りのときにも、これを煮て油を入れたマゥ・チョッケプ（ハマナス粥）というのをつくって、神の国に送られるクマのお土産に持たせ、参会者に投げつけるようにばら撒いたり、追いかけて額になすりつけたりもした。これもいやがらせのためではなしに、貴重な食糧を神と分けあって喜びあうという意味あいのものであろう。

貴重な食糧であったので、この植物のあるところという地名が各地に残っている。マゥニウシ（ハマナスの木の多いところ）をはじめ、千歳に近い馬追沼も、もとはマゥオイでハマナスのあるところの意であった。日高新冠の万世は古くはマウニウシオロコタン（ハマナスのどっさりある村）であり、それに万揃という当字をし、さらに近頃万世と改めたものである。

オホーツク海岸から樺太《サハリン》にかけてはこの植物をオタロプ（砂浜のところにあるもの）といって、オホーツク海岸にオタルペンルム（ハマナス岬）などと呼ぶ地名がある。

この木を削ってお茶にしたり、綿のようにこまかく削って打身などの温湿布にしたり、根の太いところを削って水にひたしておき、入墨をするとき施術部を消毒するのにも用いた。悪い病気が流行すると、戸口や窓のところに、魔除けの効果のあるイケマやヨモギ、タラノキなどと一緒にこの枝もたてるのは、タラノキと同じように、棘によって病魔をおどし、近寄らせないようにするためであろうが、同時に、この木のもつ薬効にもよるものであろう。

エゾイチゴ

イチゴ類に限らず実の赤くなるものはすべてフレㇷ゚とかフレップ（赤いもの）と呼んでいるが、エンレイソウの実と同じにエマウリとも呼ばれている。私の故郷の釧路川上流地帯ではエゾイチゴをキモウレㇷ゚（山にあるイチゴ）と呼んでいるが、千歳ではユケマウリ（クマイチゴ）と呼び、空知川筋ではヤヤン・フレㇷ゚（ただのイチゴ）といっている。

樺太《サハリン》ではこの葉や茎を煎じてお茶にしたり、カラフトニンジンやイソツツジなどとともに煎じて風邪薬にしたと知里辞典に見えている。

クマイチゴ

屈斜路湖畔では木はエエンニ（とげとげした木）であり、実はエエンニ・フレㇷ゚と呼んでいた。

クロイチゴ

この実はどこでもフレップ（赤いもの）とはいわず、エンレイソウと同じエマウリという名で呼んでいる。沙流川筋ではクンネ・エマウリ（黒いイチゴ）とかホクユㇰ・エマウリ（雄クマイチゴ）といい、千歳ではカムイ・エマウリ（神〈クマ〉イチゴ）と呼んで、棘にひっかかれ、手から血を流しながら、甘い粒々を舌にのせた。

トガスグリ

北海道よりも樺太《サハリン》に多く、知里辞典ではアネカニといって、この木を綿のような掻き屑にしたものを、淋病のときの温湿布にしたと記されている。屈斜路ではオラウネ・フレㇷ゚（這っている木の赤い実）といって、コタンの子供たちの味覚を喜ばせる存在であった。

エゾノコリンゴ

セタニウシ（紋別海岸）、セタニウシヌプリ（鵡川筋）などという地名のセタニはセタㇽニの訛りで、セタルはこの木になる檎果《セタル》のことである。

この木に花が満開になると天上から雲が舞いおりたように白い。この花が沢山咲く年はサケが豊漁であるなどといわれている。サケの遡る頃に霜がきてこの豆粒ほどの小さなリンゴのような果実がやわらかになると、棘のような枝にひっかかれながら、人々は熟した檎果を集めるのに夢中になる。釧路地方の神謡の中に、

セタンニ　チャシ（セタンニの砦）

イワン　チャシ　（六ツの砦）

という一節がある。日の神の子供が悪い黒キツネに捕えられ、六重の金の箱をさらに六重の巌で囲み、またさらに六重のセタンニで囲んだ砦の中にとじ込められるという内容の神謡である。これは昔敵に攻められたときに、この木を伐り倒して防護柵にしたことを物語っているようである。

詞曲の中でも棘の生えたセタンニの棍棒で、黒白正邪に結着をつける決闘をしたというものがあり、北見美幌では境界争いのときに、この木の棍棒で背中を打ち合ったという。また阿寒では病魔を追い出すのに用いたともいうことである。

アズキナシ

エゾノコリンゴと同じバラ科の木であるが、エゾノコリンゴよりもさらに小さな、小豆ほどの檎果

がなって子供たちを喜ばせる。ところが、この木の幹はツルツルしているうえに真直ぐに伸びて下枝がないので、いくら木のぼりの上手な子供でも、容易には果実のなっているところに行くことができない。みすみす小鳥どものついばむにまかせ、頬っぺたをふくらませたことであろう。そのためかこの木のことをチカㇷ゚・セタㇽ・ニ（小鳥のエゾノコリンゴの木）と呼んでいた。

クロミノウグイスカグラ

和名が長たらしいので、北海道ではアイヌ語の訛りであるハスカップとか、エノミダニなどという名で呼んでいるところもある。湿原帯に多い忍冬科の灌木で、夏になると枝のさきに子供の指先ほどの濃紫色の漿果をつけて子供たちを喜ばせる。

北海道の中央部から西南部ではハシカㇷ゚（灌木の上のもの）と呼び、北東部ではエヌミタンネ（頭の粒が長い）と呼んでいる。この漿果には粒の丸いものと長いものとがあり、粒の丸いものは小さいうえに少し苦みがあり、長い方は大きくて甘い。エヌミタンネというのは元来は長い漿果に付けられた名である。フレップと呼ぶところもある。フレップは赤いものという意味で、イチゴやガンコウランの実もこの名で呼ぶが、この漿果も表面からは濃紫色に見えるが、つぶれると濃赤色の液になるのでこの名で呼ぶのである。

アキグミ

漿果の色からすればフレㇷ゚（赤いもの）と呼んでよさそうであるが、一般にスㇱ・マゥと呼んでいる。スㇱの意味は明らかでないが、マゥはハマナスのことである。なお知里博士によれば、古くはイチゴもエンレイソウもサンショウも、ハマナスやグミと同じ仲間と考えられていたらしいとのことである。

その実はもちろん生で食べたが、血便の出るときに枝条を煎じて飲ませたともいう。

イソツツジ

お茶のように湯に入れて飲むものに雑草ではナギナタコウジュ、木ではホオの実とかキタコブシの枝などがあるが、芳香の高いこのイソツツジの葉も乾燥して湯に浮かせて飲んだ。とくにカラフトキハダの実（シケㇽペ）などを食べて、口の中がいがらっぽくなったとき、口直しにこの葉を二、三枚浮かせて飲んだという。

北東部ではハㇱポ（灌木の子）という名で呼び、火山礫地帯に群生しているが、日高や胆振ではトママㇱ（トマㇺハㇱで湿地の灌木の意）と呼ばれ、湿原帯に見られる。お茶としてだけでなく、お粥に入れて香り高い食事にした。
北海道にはイソツツジの仲間は四種類あるというが、そのすべてをお茶にしたり、ときには煙草のようにもして吸ったという。

ツルコケモモ

北海道の東部に片無去《カタムサリ》という地名がある。アイヌ語のカタㇺ・サㇽ（ツルコケモモの湿原）への当字であり、湿原のところどころにこの植物群落があるところからつけられた地名である。これの実をカタムカ・フレップ（ツルコケモモ原の上の赤い実）といって、生でも食べたし、マスを食べるときの調味料にもした。

マイタケ

ミズナラの半枯れの木の根元に出るマイタケを、ユㇰ・カルㇱ（シカ茸とも訳せるが、ユㇰは元来獲物のことで、知里博士は熊きのこと訳している）といい、山でこれを見つけると日高地方では、
よいマイタケ
今年はあまりよくないが

来年はよいマイタケになれ
マイタケ　よいマイタケ
着物の値打ちのあるマイタケ
絹物の値打ちのあるマイタケ
マイタケ　よいマイタケ

といってマイタケのまわりを踊ったという。釧路地方でも、

小袖と交換するマイタケ
酒樽と交換するマイタケ

とうたって踊り歩いたり、自分の着物を脱いで、「とっかえっこしよう」といって礼拝し、男はクマを獲ったときのように「フォー　フォー」と喚声をあげ、女は「オーノンノ（よかったなァ）オーノンノ（よかったナ）」といって踊ったという。

和人の漁場に持って行けば絹の小袖とでも酒とでも交換の出来る、うれしい発見物であったのである。知里博士によれば樺太《サハリン》でもイソ・カルシ（熊きのこ）といって、これを発見すると必ず槍を構えて突く真似をしてから採ったという。それはクマを獲るのと同じだからであるという。マイタケは昔はクマと同じくらいうれしい収穫物だったのである。

マイタケには表面が白いものと灰褐色のものとがあり、白いものを女マイタケ、灰褐色のものを男マイタケという。

その他の食糧茸

シイタケはカシワの枯木に出るのでコㇺニ・カルㇱ（カシワ茸）とか、ペロ・カルㇱ（ナラ茸）などと呼ばれる。カシワの項でも述べたが、孤児になった歌棄人の娘に、カシワがドングリやシイタケを食べさせて育てたという伝説は、シイタケが春秋の食糧として利用されていたことを物語っている。夏にニレの枯木に花のようにあざやかに出るタモギタケはチキサニ・カルㇱ（ハルニㇾ茸）、秋にハンノキの枯木に出るムキタケはケネ・カルㇱ（ハンノキ茸）と呼ばれる。これらやエゾマツに出るスンク・カルㇱ（エゾマツ茸）はいずれも食糧になったが、その他のものはあまり問題にされず、カイマシ・カルㇱ（バカ茸）といって蹴飛ばされる存在であった。

カブトゴケ

ニコンプ（木昆布）と呼ばれ、ヤドリギと同じように飢饉のときには救荒食糧として用いられたという。灰汁で煮て皮をとり、それを洗ってお粥や汁に入れて飢をしのいだのである。

穂別コタンではニラㇺラㇺとかテルケプウルともいって、黒焼にして油にとかしたものを火傷や瘡の薬としてつけたという。

ヤドリギ

広葉樹が葉をふるいおとしたあとに、何かの巣のように枝にのこっているヤドリギは、親木の栄養を大きく吸いつづけているが、コタンの人たちは多少の諧謔も交えてこれをニ・ハル（木の弁当）と呼んでいる。それは食糧の乏しいときにこれを採って臼で搗きつぶし、澱粉をとったりしたからであるからかもしれない。

知里辞典によれば登別方面で昔アワを蒔くときには、ヤドリギを採ってきて刻んで容器に入れ、水を加えて腐敗させたものに、アワ種をひたしておいて蒔いたという。

また名寄ではヤナギの木に付いたヤドリギは中風の薬になるといっている。

家造りと家材

屋根形をした俗に三角山と呼ぶような山を、コタンではチセネシリ（家のような山）とか、チセヌプリ（家山）と呼んでいる。昔は竪穴を掘った上に屋根を組んだ地下住宅であったので、表面に見えるところは屋根だけであり、家の外部は三角山の形をしていたのである。竪穴の上に屋根を造ってのせるという方法は後にもひきつがれ、古い形式で草小屋を造るときには、柱をたて、桁や梁の上に屋根を組んで、かつぎあげるという方法が行われた。

家をつくるときには勝手に山に行ってどの木でも伐ればよいのではなく、火の神に頼んで、木の所有者である山の神にわけを通じ、木を伐り倒すときには山の神への断りの祈りを歌でうたった。

　山の神さま　山の神さま
　小さな家を　つくるのですよ

これは胆振幌別で山で家材を伐るときにうたう祈り歌であり、退屈しのぎにうたう樵夫歌ではない。

また家材にするのはどの木でもよいのではなく、釧路地方では四方に枝をひろげて踏舞《タプカフ》をしているような、特別にタプカㇽ・ニ（踏舞する木）と呼ばれるナラの木やキタコブシの木は使ってはいけな

ハシドイでつくった家の守神

いとされている。また一般にハンノキやクルミ、シラカバ、ドロノキなど腐りやすい木はさけ、ハシドイ、イヌエンジュ、イチイ、ヤマグワ、バッコヤナギなどを使うのが普通である。

ハシドイ

昔、ハシドイは天上の神の国から地上におろされるとき、神様から「人間のためによく働くんだよ」といわれた。そのために今でも、人間のために色々と役に立つのだといわれている。木のうちでは一番気のやさしい健康な木（日高静内）だとされ、家の柱や守神、死んだ後の墓標にまで用いられた。

健康な木であるといわれるのは、容易

に腐らないからであり、掘立小屋の柱にしても何十年たっても腐ることがない。胆振厚真《あづま》ではこの木で二体の家内の守神をつくり、一方をチセコㇽ・エカシ（家を支配する老翁）、一方をチセコㇽ・フチ（家を守る祖母）といって、何か祭事のあるたびにチメシュ・イナウという削りかけを重ね、子供ほどの大きさになったものが、家を守護する大事な御神体としてまつられていた。日高の沙流川筋ではこれをプンカウトノ（ハシドイ殿）と呼ぶこともあるという。

　この木は一般にプンカウと呼ばれるが、ところによってプㇱニ（跳ねる木）と呼ぶところがある。この木の枯れたのはまるで油がしみているかのように、実によく燃えるので、夜に川で魚をとるときにはこの木の枯れたのを細かく割って、イラクサの繊維をとった枯茎などと混ぜて束ねたものを松明として用いた。だが、ひっきりなしにパチパチと跳ねて、炉にくべていても燠がとんで、よく着物に焼け穴をあけるので、沙流谷ではこの木をイタㇰ・ルイ・クㇽ（おしゃべり神）とか、イタㇰ・ルイ・マッ（おしゃべり奥さん）とも呼んでいる。

　ヤブマメなどの野生植物を採集するときや、叢を耕して作物の種を播くとき、シカの角やこの木の股木でシッタㇷ゚という土を掘る道具をつくったし、クマ送りのとき神の土産として持たせる。家紋や模様を刻んだ花矢は、普通コマユミを使うが、この木でもつくった。

　北海道ではなぜかドスナラなどと呼ぶが、日本にあるただ一種の野生のライラックである。

　穂別ではこの木に出るプンカウ・カルㇱという茸を削って、煙草の代用にしたという。

トドマツ

北海道にはフップシヌプリ（トドマツの多い山）、風不死岳などという地名があり、またカヤニウシ（帆柱の多いところ）という地名もトドマツの多いところをさしている。現在でも北海道の木造建築はほとんどこの木を材にしているといってよいし、昔のコタンの家をつくるときも梁や垂木は多くこの木を材にした。松浦武四郎の『久摺日誌』の中に、この木の皮で仮小屋をつくることが次のように記されている。

仮屋の作り様他所に異なり棟作り也。椴皮を以て葺に土人等是を剥こと速なる也。先大木の根と五六尺上の所に囲《クル》りと鉈《ナタ》目を入、下より篦《ヘラ》もて剥ぐに、能く放る物也。是を以て蔽ひ、また敷物にもす。然れば冬の間は木凍るが故に剥悪きと也。此比《ころ》は水気満るが故よろしきよし

この木の皮を家の内壁にするということは、他の記録にも見えている。文中の「この頃」とは旧暦の三月末のことである。

夜営のときにはこの木の皮で小屋をつくるまでもなく、枝を四方にひろげたこの木の下で火を焚くだけでも、冬の夜を過ごすことができたというし、吹雪のときには風の来る方にトドマツの枝を雪にたてならべるか、逆にたけかけて風や雪を防いだともある。

クマ送りをするときトドマツの枝とササを束ねた手草《たくさ》で、送られる子グマの身体を祓って悪魔祓い

をする。冬の寒さに屈することなく緑を守っている生命力に対する畏敬からでたものであろうか。

今はクマ送りのときの余興として、ウキロロパクテ（互いの力をくらべる）とか心臓破りという女性同士の踊り競いがある。昔はクマ送りのクマが死んだあとにこれをやって、疲れて倒れた者はクマのお土産としてクマの屍体の上に投げつけ、勝ったものにはまたクマがさずかるといったという。歌に、

トドマツの上に投げつけるぞ
遅いぞ誰だ　そら

とある。トドマツの上に投げつけるとは、トドマツを敷いた上に神になったクマが坐っているので、クマのお土産にするぞといっておどかしているのである。

また重い病人があるとき、病人の身体をトドマツの枝で祓ってそれを川に流し、

トドマツの枝　沈め沈め
トドマツの枝　ホーホイヤ

という歌をうたった。

樺太《サハリン》では夢見が悪いとこの枝で身体を浄めたり、巫女が神がかるときも、この枝で身体を祓った。また屍体を納める棺や墓標もこれでつくったという。

トドマツをフプというが、フプとは腫物ということで、この木の松脂が樹皮の下にたまって、腫物のようにふくらむところから名付けられたのであるという。松脂は接着剤として用いられたのはもちろんであるが、特に矢毒を鏃につけるには絶対必要なものであった。

丸木舟にする木

漁撈生活になくてはならない丸木舟には、各地に多くの物語がある。日高の静内の老婆の伝承している大木の物語は次のようなものである。

私は国のかみてにある天を覆うほどの大木である。ある日私は下に伸びた手（枝）を人間の国の方に振り振り、上の手（枝）を天に向けて振りながら踊っていた。すると下の手の上に、部落《コタン》の守神であるシマフクロウが来て神の国の話をし、海の神が来て海の話をした。それをきいて私は、偉いものだなと感心していた。また空に伸びた上の手には天上の神々がおりて来て話をした。いずれも感心する話ばかりだった。そうしているところへオタサムというところの酋長が前に三人、後に三人若者を従えてやって来た。酋長は私の根元に祭壇をつくり、「この腐れ木よ、お前に祭壇をつくって酒をあげてやるから、お前の堅い肉を内に入れ、柔らかい肉を表に出して俺に伐られて舟になれ、わしはシカの皮やクマの皮をその舟に積んで内地に交易に行き、和人の食糧と取り換えてくるのだから、わしのいう通りにしろ」といった。私は腹をたて、逆に柔らかい肉を内に納い、堅い肉を表に出した。そのため六人の若者がかわるがわる鉞《まさかり》をとって私を伐り倒そうとしたが、鉞の刃がたたない。彼らは悪口をいい、着物の裾をバサバサさせ（尻の臭いをさせ悪魔祓いをする仕草）て行ってしまった。それから何年かたって、こんどはオタシュッというところの酋長が若者を前に三人、後に三人連れてやって来た。酋長は木の前にかしこまって祭壇をつくり、「尊い木の神よ、私はあなたを伐って舟をつくり、内地にクマやシカの皮を積んで行って、かわりに殿様の食糧や酒を積んで来たいと思う。どうか堅い肉を内にかくし、柔らかい肉を外に出して、伐られてよい舟になって下さい」と礼拝したので、私はいわれる通りにして舟になり、みんなに担がれて川に行き海に出た。舟になった私は片側に天の神（雷神）の生きた姿を描かれ、一方には部落神のフクロウの神を描かれ、私自身新しい生きた神になって交易に行くようになった。それを見た仲間の大木たちは「いいな、あればかりが神様にされてうらやましいな」といってうらやましがった。

この神謡には舟をつくるときの心得が色々と物語られている。実際に舟をつくるときには、まず山で舟材によい木をみつけると、祭壇をつくって山の神には舟にするためあなたの木を頂かして下さいと頼み、舟になる木にはよい舟の神になって下さいと祈る。つぎにササやヨモギで木を祓い浄めてから、幹に斧を打ち込んでみて、斧の刃がよく刺さるのはよいが、もし刺さらない木であれば魔物のやどっている木として伐るのを中止する。木を伐り倒すと北を向いていた方を底にし、決して他の面を底にすることはない。木の北に向かった方は成長が悪く年輪が緻密で重いので、そちら側を底にすると舟が安定するからである。この法則を守るために、時には変に曲がりくねった舟ができることもあ

原木に舟になってほしいと祈る

山でつくった舟を曳き出す

川に運んだ舟に魂を入れる

るが、形にこだわってこの法則を無視すると、バランスのとれない、不安定な舟になってしまう。

舟ができあがると日高地方では右側に女、左に男が従って、

舟が元気よく　舳先をあげて　ヘイヘイ
辷れ　風に　ヘイヘイ

という歌をうたいながら舟縁を叩き、男は「若い男の神様、新しい舟をおろします、手伝って下さい」といい、女も「女神よ、歌をうたいながら舟を出して下さい」といって川まで曳き出す。川岸に出した舟は舳先と艫にある舟の眼《チプ・シキ》という舟を繋ぐ縄を通す穴に木幣をたて、水の神に新しい舟のできたことを報告して守護をたのむ。さらにササやヨモギを手草にして舟を祓い浄めてからはじめて水にうかべる。

舟は川の状態によって玉石のある川で使うものは舟底を平にし、水の深いところで使うものは底

を深く丸くする。また海で使うものは川で使うものよりも広く浅くした舟底《ムダマ》に、枠板《ホロイタ》を桜の皮で綴じ合せ、合せめに水苔をつめて、海水が入らないようにする。川ではアシナプという櫂とドリという竿を使い、海では日本式の櫓ではなしに車櫂を使う。

和船の船魂さまは女神であるが、丸木船の神も舟の奥方《チプ・カツケマツ》といって女神である。また海で使う舟は梶、舟底、波切、波受、艫、カイゴ、タカマ、帆柱、帆綱からアカトリまですべて男女二柱の神に護られている。

歳老いた舟神の神謡の中に「私は歳をとったので陸にあげられ、身体が見えなくなるほど沢山の木幣に包まれ、山に送られた」とあるように、古くなって使われなくなった舟は、そのままの形では魂がのこるので、三つくらいに切って木幣に包み、もと木の立っていた山の方へ送り返すのである。

舟をつくる木は、カツラ、ヤチダモ、セン、バッコヤナギなどであるが、皮舟《ヤラチツプ》といってカラフトキハダやマカバ、エゾマツなどの皮を丸剝ぎにして、急造の皮舟をつくることもある。

カツラ

この木は春の芽出しの葉が花よりも赤い。この芽出しが鮮やかに赤いと、なぜか冷害だなどともいわれている。

地名に蘭越《らんこし》とかランコシ、オランコシ、ランコマナイなどというものがある。ランコとはカツラのことで、カツラの多い沢とか土地とかいうことである。チプタウシナイ（舟をいつも彫る沢）、チピカルシ（チプカルウシで、いつも舟をつくるところ）、チプランケウシ（重蘭窮などと当字をする。舟をいつもおろすところの意）などという地名も、カツラが多くいつも舟をつくるところに名付けられたものである。この木でつくった舟はとても軽く、水によく浮かぶので、漁撈のときの丸木舟としてよろこばれ重要視されていたのである。北見美幌《びほろ》に伝わる伝承に次のようなものがある。

英雄オタスツゥンクル（歌棄人）がカツラとヤチダモとで舟をつくった。しかしヤチダモの舟は舟脚が重いので、魚をとりに行くにも海獣を追うのにも、もっぱらカツラの舟ばかりを使っていた。するとある晩、舟を置いてある海岸の方で、女同士が争っている叫び声がした。行ってみると、二人の女が髪を振り乱してつかみ合いをしている。一人は髪の縮れた女で、もう一人は髪の長く伸びた女であった。髪の長い女はもう一人の女に「お前は毎日毎晩漁に連れていってもらって可愛がられているが、私はいつも陸にあげられて乾いて痩せているではないか」とくやしそうに叫んでいた。オタスツゥンクルが刀を抜いてその女を斬ると、女の姿はたちまちヤチダモの舟になり、真二つに割れていた。同時に髪の縮れた女もカツラの舟の姿に戻ったが、ヤチダモの舟にひっかかれて傷だらけだった。オタスツゥンクルは斬り割ったヤチダモの舟を焼いて、二度とヤチダモでは舟をつくらなかったという。

カツラのないところではヤチダモでも丸木舟をつくるが、カツラのあるところではカツラの方が一級品として重宝がられる。この伝承にカツラが髪の縮れた女になっているのは、カツラの木質がよれ

よれに縮れたようになっているからである。日高の沙流川筋で祭にうたわれる歌にも、

小さなカツラの神が　ヘヤ　オルン
着ている小袖の　ヘヤ　オルン
襟首で　ヘヤ　オルン
重ね着し　ヘヤ　オルン
着物の裾が　ヘヤ　オルン
脚にからまり　ヘヤ　オルン

というのがある。これは神謡《カムイユカル》の一節であるというが、原型の神謡は現在伝承されていないので何のためにうたわれたかはっきりしない。いずれにしても、この木の皮が木質と同じようによじれていることをうたったもののようである。よじれた着物を着ているカツラの神ということは、この木の大木は狩人たちが山を歩いて野営するときに、狩人を温かく抱いて休ませてくれるからである。

昔、クマ狩の名人といわれた人が、ある時山で大きなクマをとったが、その傍に大きく枝をひろげた立派なカツラの木があったので、その木の下に火を焚いて野営をした。すると夜中になって枕元に一人の神が立ち「私はこのカツラの木の神であるが、今日のお前の働きは胸の中が明るくなるほど美事であった。しかし明日はもっとおそろしいものに出逢うことになるだろう。お前は今夜私を頼ってここに泊まったのだから、私もまたできるだけお前に力を貸してやるが、明日は注意して山歩きをするように」といった。

夢から覚めた猟師は木幣をつくってカツラの木にあげて感謝し、大きな災いから守ってほしいと祈って狩に出かけた。その日は妙に暗く気分のすぐれない日であった。猟師が二つ目の山を越そうとしたとき、突然六人の凶悪な山男《キムンアイヌ》に出逢った。この山男は人間の何倍も大きく全身毛に覆われ、森林の中を走ると大風のような音をたて、クマでもシカでもまるでノミでもつかむかのように摑んでしまうという、強力な魔物であった。しかし猟師はカツラの神にいわれたことを思い出し、大声でカツラの神に庇護をたのみながら、襲いかかってくる山男を片はしから全部打ち倒してしまった。そして自分も疲れはてて倒れるように寝入ってしまうと、夢の中に打ち負かされた山男が現われて「あなたは元々偉い方であるが、カツラの神を信仰したのでさらに力を得て、我我を六人とも打ち負かしてしまった。まことにあなたは偉い方だ」と告げた。猟師はこのことを家に帰ってから家族に物語り、何事も神を信じその通りにしなければならないものだと話をしたという。（日高沙流川筋の伝承）

カツラの木が狩人の守神になるという伝承は、この木が山狩をする人々にとって色々と役に立ったことを物語っている。この木の下では少々の雨くらいなら安らかに夜を過ごせるし、空洞になった大木は風雪を防ぐ格好の夜営の場所であった。また、雪の上で火を焚くときには普通ナナカマドのような燃えにくい木を下に敷いてロストルにするが、ナナカマドのないときには、どんな木でもよいから下に敷いて、その上でカツラの枯れた皮を燃やすと厚い灰の層ができ、下敷きの木と焚火の焰の熱の間を遮断して、ロストルの役目を果たしてくれるのである。

近年のことであるが阿寒のある狩人がクマに怪我をさせられたとき、古老がカツラの木に怪我の癒るように祈ったのを見たという話を聴いたことがあるし、カツラの木の下に夜営した女が、その木に棲むムササビに教えられて雷神の妹の悪だくみを知り、家庭の平和を取り戻すことができたという伝承もある。こうしたカツラに関する伝承が無数にあるということは、それほどこの木が昔の生活と深くかかわっていたということでもあろう。

部落《コタン》の人たちが、いつ頃から酒というものを造るようになったかはっきりしないが、最も古いと思われる麴の作り方を旭川の老婆から教えられたことがある。それは、カツラの真皮を粉にしてウバユリやヒシの実を煮た上にふりかけておくと、よい麴になるというものであった。また天塩方面では、この皮を煮た汁で炊いた御飯と、わずかばかりの麴で酒ができたともいうし、この真皮の煎汁に糸をつけたあと、鉄分の多い水にひたすとクルミの煎汁で染めたのと同じように黒く染まったともいう。

その他、臼や杵、箕だの俎、お盆、厚司《アツシ》を織るときの梭など、あらゆる日用道具をつくるのに細工のしやすい、いわゆる素直な木であった。

エゾノバッコヤナギ

なぜこんな変な和名がついたかわからないが、アイヌ名ではヌㇷ゚カカ・スス（原野の上のヤナギ）とかキムン・スス（山にあるヤナギ）、またこの木の大木は丸木舟にもしたのでチㇷ゚ニ・スス（知里博士はチプネ・ススで舟になるヤナギの意であろうという）などと呼んでいる。

ナガバヤナギと同じように木幣の材にもしたが、この若木の皮は非常に強いので縄にして乾魚などを束ねたり、ヤマブドウの皮と同じように、夏の履物であるシド・ケリ（木皮靴）を編むのにも用いられた。

ヤナギの雄花の花序は丸くて可愛らしく、本州ではネコと呼ばれるが、コタンの子供たちはニポセタ（木の仔イヌ）と呼んで玩具にしている。沢山とって両手に入れ、「走れ　走れ」といって振り、ころげおちたりすると「逃げた　逃げた」といって遊ぶのである。また木の皮を裂いた紐でむすんだものをカバ皮を燃やしていぶし、ぶちの仔イヌをつくって遊んだりもする。知里博士の辞典によれば樺太《サハリン》ではナガバヤナギの花序を繋いで犬橇だといって玩具にしたという。

胆振穂別で聴いた話では、ヤナギの花の多い年は畑が豊作で、小さいのが混っているときは半作、まばらについた年は不作であるという。しかしこれは農作技術が入ってからのものであろう。

トカチヤナギ

高さ二十メートルにも達する河岸に自生する巨木である。葉が広く長いのでオオバヤナギともいい、十勝ではこれをバッコヤナギとも呼んでいるという。宮部金吾、工藤祐舜共著の『北海道主要樹木図譜』によれば、アイヌ語でチプニススともトイススともいうとあり「アイヌは其の巨材ヨリ丸木舟ヲ作レリ」とあるように、丸木舟材として利用された。

北海道開拓当時ドロノキとともにマッチの軸木として売れたので、最も早く農家の収入を助けた木である。

ねばりがあって曲げても折れない力をもっている木は弓になり、雨や濡れ雪にさらされても狂ったりしない木は仕掛弓の弓になって協力する。川底の石に突当ってもまくれることのないノリノキは、サケやマスを突く回転銛《マレツキ》の先につけられ、柔らかい木は柔らかいなりに、堅い木は堅いなりに人間生活に協力した。もちろん、ただ道具となって働くだけではなく、これらの木は木幣にもなったし、時にはホオの実のようにお茶や薬にもなるなど、全身の力を出しきって人間生活に協力をおしまなかった。

道具をつくる木

ホオノキ

深山の静寂の中に高雅な花弁をひらくこの木を、一般にプシニと呼んでいる。プシニには跳ねる木という意味もあり、ハシドイはその意味でプシニと呼ばれているが、ホオノキのプシニは突き出たものという意味である。私は屈斜路の古老から訊いたままに、あるとき「槍の先のように尖った芽をも

ホオノキの芽

つ木という意味」であると書いたところ、尖るという字を光ると読み違えた人に、「光った芽という譬喩が変だ、pusは突き出たものというのが原義だ」といわれたことがある。

木質は柔らかく年輪も堅くないので、この木からは色々な細工物がつくられる。とくに弓の矢を入れる矢筒《アイヨツプ》や、クマ送りのときの大事な飾りものなどを入れる、イカヨプという容器をつくるので、イカヨプニと呼ぶところもある。室蘭地方ではこの木でつくった木幣は銀の木幣になるといわれ、何か悪いことのあったときには、この木でつくった木幣に願いごとをしたという。毬果の中の種子はそのまま湯に浮かせてお茶にして飲んだというし、煎じて飲むと身体が温まるので、胆振穂別では一つままを煎じてリウマチや神経痛、婦人病や風邪の薬として飲んだという。

松浦武四郎の『天塩日誌』の中に、この木の葉を食器にしたことが記されている。「蕎麦葉貝母《トレフ》

（姥百合）もて団子を作り、厚朴《ブシニ》の葉もて筥様の物を作り、是に盛りて出しぬ。……是ぞ葉手《クホテ》（和名鈔祭器具）葉手《ヒラテ》（漢語鈔）葉椀（延喜式）柏十五把牧手十六牧料（類聚三代格）〔牧は枚の誤〕葉盤《ヒラ》柏葉（釈日本紀）等の遺風と、惣て此山中何れにても木の葉に食料を盛て土人等も喰……」とある。また挿画の説明には「葉椀《ヒラテ》。夷言ハイイタンキ。本朝式云十一月辰日宴会其飲器参議以上朱漆椀五位以上葉椀和語云。久保天葉手漢語鈔云比良。天此地惣て厚朴の葉をもて作り、また柳皮を以て如此作りしもの有。」とある。

樹液をとったイタヤの木

イタヤ

各地共トペニ（乳汁の木）あるいはトペンニ（甘い木）と呼んでいる。春先の雪が解けはじめる頃、この木の幹にV字形の傷をつけると、乳のように甘い樹液がでるからである。人々はそれをトペンニ・ワッカ（イタヤの水）と呼んで、そのまま集めて飲んだり、煮つめて飴のようにしてなめたりもした。

乳を出す木であるから、乳の不足な産婦や乳の出ない女は、古老にたのんでこの木の若木に木幣をあげてもらい、わけを話して乳が出るようにたのむ。その後で樹皮をとって帰り、煎じて飲むと乳が出るようになるという。

知里博士によると樺太《サハリン》ではこの木を、ニシテニとかオニシテニ（共に堅い木の意）、またはヌカンニシカラニ（鉞《まさかり》の柄をつくる木）などといって、木質が緻密で堅いので、布地を織る機織器であるとか、山刀《タシロ》や斧の柄、小刀や山刀の鞘などをこれでつくり、模様を彫刻したという。またムックリという柴笛のようなものは、本州から竹細工品が入るようになってからはもっぱらタケでつくられていたが、タケが入手できない場合はこの木片でつくったといわれている。なおこれに形の似たものに網をつくるときの網針があるが、これもイタヤの木でつくった。

イタヤの仲間でカラコギカエデはオタ・トペニ（砂原のイタヤ）、山地にあるヤマモミジとハウチワカエデ、それにオガラバナはイワ・トペニ（山のイタヤ）、湿地にあるエゾイタヤはニタットペニ（湿地のイタヤ）などと呼ばれている。

エゾマツ

根室の風蓮湖の一部に春国岱《しゅんくにたい》というところがある。アイヌ語のスンクニ・タイで、エゾマツ林の意である。知床半島の斜里寄りにある滝をオシンコシンの滝と呼んでいる。オ・スンㇰ・ウㇱ（川尻にエゾマツの多い）の訛ったものである。その他シネシュンクウシとかシュンクウシナイなどという、エゾマツに関係ある地名が多い。そして釧路の白糠海岸にあるポンシュンク（小さいエゾマツ）というのは、昔義経《サマイクル》が釧路の知人岬から射た矢のささったもので、弁慶《オキクルミ》の射た矢はずっと手前の庶路《しょろ》と大楽毛《おたのしけ》の間以上には達しなかったとか、釧路の春採湖畔のエゾマツは義経《サマイクル》がシカを射た矢がささって根付いたものであり、塘路《とうろ》のシラルトル湖畔の二本松（現在はなし）は義経が弁当を食べたあと、使った箸を土にさしたのが根付いたものであるなどと伝説が多い。義経、弁慶の話はともかくとして、この地方にこうした伝説のあるのは、この木の木質部を割って矢柄にしたり、箸もつくったからである。

スンクまたはシュンクの語源は明らかではないが、知里博士によれば「支那語 sung に酷似しているのわ不思議である。外来語らしい感じもする。本来のアイヌ語でわ、エゾマツをも hup と云ったらしい」（『分類アイヌ語辞典』植物篇、二三六頁）とある。北海道でも訛って一般にシンコと呼んでいる。なぜかトドマツのように家材にするということをきかないし、手草にするということもきかない。ただ樹皮は屋根に用いたり壁材にすることがある。また樺太《サハリン》には昔悪者が大地の真中に生えていたエゾマツにのぼってゆすぶったため、大地震が起きたことがあったという伝承があるが、北海道ではそういったこともきかない。

カラフトキハダの皮を丸剝ぎにして木皮舟をつくることは、カラフトキハダのところでもふれたが、石狩川上流ではカラフトキハダの木皮舟はつくらず、この地方では春の堅雪の頃に山奥でクマをとると、大きなエゾマツの根元で焚火をしてその木を倒し、剝がした皮の両端を火であぶって舟形に曲げ、ヤナギなどの細木で中の肋骨の枠をつくり、エゾマツの木皮舟をつくってクマを運んだという。

阿寒地方ではエゾマツ林に大形の阿寒松茸という茸が出るが、それをスンク・カルシ（エゾマツ茸）という。

エゾマツはクロエゾとかクロエゾマツともいい、クロエゾよりも葉の小さく湿地帯に生えるアカエゾマツ（俗にヤチシンコという）を、アイヌ名ではチカプ・スンク（鳥エゾマツ）とか、フレ・スンク（赤エゾマツ）と呼んでいる。意味はわからないがレクップと呼ぶところもある。

ノリノキ

和紙を漉くときにこの木の真皮を糊として入れるので、ノリウツギとも呼ばれているが、北海道ではなぜか一般にサビタという名で呼びならわされている。アイヌ語ではラスパニとか、オプサと呼ばれている。ラスパとはサケやマスを突く回転銛《マレッキ》の穂先と柄とを継ぐ棒のことで、オプサというのも銛の柄の先ということである。この木の材質は非常に堅いので、川底などの石に突き当っても普通の木のようにまくれたりしないから、銛の柄の先につけるのだということである。

木質部が堅くて火がつかないうえに、若い枝には太い髄が通っているので、セーレンボという木製のキセルをつくり、それにクルミの皮などを巻きつけて模様をつけたりした。近年になってからはアイヌ模様を刻んだパイプをつくり、愛玩するようにもなった。

木質が堅くて火がついても燃え出すということがめったにないので、六、七十センチのこの木の先を五分の四ほど割って挾火箸をつくった。この火箸は月日の数を刻んだり、祭に集まる人の数を刻んだりして、参会者にものを配分するとき間違いないようにするメモ帳の代りにもなった。この火箸は燃えないといっても次第に炭化して短くなるので、そのときにはまた葦原を分けて新しい材をとってきた。

その他にも若い細枝は仕掛弓の矢柄にしたし、クマ送りのときに神の土産にする花矢や炉の灰をならすアペキライなどもこの木でつくった。

またこの木の真皮は乾しておいて、必要なときに粉にして布に包み、女の人の洗髪料にしたり、煎じて疥癬にかかったときの洗剤にもした。

さらに千歳では昔黒白を争う強談判《ウコチャランケ》のときに用いた、イタク・クワ（喋る杖）もこの木でつくったという。

ハリギリ

一般にはセンノキと呼んで昔は下駄材などにした木である。コタンの生活では煮た肉を盛るお盆にしたり、木鉢や箕、臼や杵などの細工に用いたし、丸木舟もこれでつくった。

その年に伸びた枝には棘があるので、アユㇱニとかアイウㇱニ（共に棘の沢山ある木）と呼ぶが、成長した幹には棘はない。

シウリ

シユリザクラともいう。シウリはアイヌ語のシュ・ニ（にがい木）で、北海道でも樺太《サハリン》でも同じである。知里辞典によると樺太では病気のときこの木でお守りの木幣をつくって病人の上に吊し、セニㇱテ・イナウ（自分がそれによって強くなる木幣）といったとあり、北海道の胆振幌別では仕掛弓とか山狩の槍、海漁のときの銛の柄や舟の車櫂などをこれでつくったという。

エゾマユミ

灰白色の幹に淡紅色のさく果がさがり、それが割れると鮮紅色の種の美しい小喬木である。北海道ではなぜかイリマキと呼んでいる。アイヌ名では全道的にカスㇷ゚ニ（杓子の木）と呼び、材質が堅く木理が緻密なので杓子や箆をつくるのはもっぱらこの木であった。

釧路地方ではクマ送りのときの、神の土産にする花矢の鏃も弓もこの木でつくり、その他の小細工ものなどや、海獣をとる銛先《キテ》もこの木でつくったという。

コマユミ

イマクカㇽニ（歯を治す木）が訛って、イマクカニと呼ばれる。齲歯のやむときにこの木を箸にして食べると治るといい、普段もこれを箸に用いた。木質が堅いことによる呪術的な意味によるものかもしれない。

ヤマグワ

この木をテシマ・ニ（雪輪《テシマ》の木）というところもあるが、ドレㇷ゚・ニ（ドレㇷ゚の木）と呼ぶ方が多い。ドレㇷ゚とは普通澱粉をとる野生のオオウバユリのことであるが、古くは木の実のこともそう呼んだらしいと、知里博士は推理する。またある地方ではトペンペ（甘いもの）と呼んでいるところもある。その名の通り甘い集合果は唇を紅に染めて野童たちの食用にされた。

昔雪の多いときに和人の侵略軍が攻めて来て激しい戦争になった。コタンの人たちは雪輪を履いて雪の中を自由に行動し、和人軍を悩まして撃退した。和人軍は敗戦の原因を究明したところ、どうも問題は雪輪らしいというので、次の年は皆雪輪を履いて夏に攻めて来たが、こんどは履いた雪輪がブッシュにひっかかって行動の自由がきかず、またまた散々に敗北してしまった。

これは雪輪というものの使い方を知らなかった和人を揶揄したものであろう。

雪輪ばかりでなく弓材や箸としても、イチイと同じようによく使われた。樹皮の煎汁は入墨のときの傷口の化膿止めに用いられ、腰の病のときにもこの皮を鍋で煮立てて蒸したり飲んだりした。

また足の立たなくなった人は、この木の枝とハコベを煎じて飲んだという。

エゾヤマザクラ

日本では花は桜木などというけれども、昔のコタンの生活にはこの花は何のかかわりあいもなかった。ただこの花の咲く頃にはシカが毛変りして、肉がおいしくなるということに関心があった程度である。

この植物のうちで最も生活に関係の深いのは樹皮で、例外なしにこの木のことをカリンパ・ニという。カリンパは、知里辞典によれば「ぐるぐる充分にまわる」の意だという。弓をこの皮でぐるぐると巻き、弓の木が折れないように補強したり、海漁に使うイタオマチㇷ゚（板をつけた舟）の板を、舟底に綴じつけるのもこの皮であったし、狩に必ずもって行き、時には槍の穂先にもなる山刀《タシロ》の鞘や矢筒を巻いたりするのもこの皮であった。

秋田名産の樺細工の皮はカバの皮ではなくヤマザクラの皮であるが、サクラの皮を使いながらカバといっているのは、カリンパから転訛したものかもしれないし、『万葉集』に「かにわざくら」あるいは「かばざくら」という、色彩の濃いサクラとしてうたわれているサクラも、エゾヤマザクラのカリンパ・ニが語源かもしれないといわれている。

道南の檜山と後志の境をなす狩場山は、狩をした場所ではなく、カリンパ山《ヌプリ》でサクラ皮の山の意であったのである。

ネマガリダケ

オプネトプ（矢柄になるタケ）とか、ルムネトプ（鏃になるタケ）と呼ばれているように、矢柄にもなったし、これを割って削り、内側のへこみのところに毒を塗って鏃にもした。また内浦湾のようなところでは、クジラ漁のときに七、八尺のタケの先を尖らしたのに家紋を刻み、それにトリカブトの毒をつめて銛にした。この銛をクジラの脂身を突き通して赤肉に達するように投げつけ、突き刺さると銛の先が折れてクジラの体内に残る。毒が効いてクジラが斃れ漂着したものを解剖すると、毒の入ったタケの銛先が刺さっているので、それに刻んである家紋によって、どこの部落《コタン》の誰の打ち込んだ銛であるかがわかる。そこで直ちにその部落に知らされて、発見者との間に肉が分配された。

イチイ

北海道では一般にこの木をオンコと呼んでいるが語源は明らかではない。イチイとは神官の笏をつくる位のある木だからだというが、他に古くアララギと呼んだ。アイヌ語の植物名は地方によって多分に名のちがうことが多いが、この木はほとんどの地方でラルマニと呼んでいる。ラルマは果実のことであるが意味ははっきりしない。たまにクネニ（弓になる木）と呼ぶところもある。日高静内の奥にクカルシナイ（弓をいつもつくる沢）という沢があるが、これはこの沢にイチイの木が多いところからつけられたものだという。これらのことからも知られるように、この木のよく乾したものは削って弓をつくる材となった。とくに仕掛弓の太い弓にはもっぱらこれを用いたという。他の木では永い間弦を張っておくと曲ってしまって、弾力を失ってしまうが、この材のよく乾燥したものはいくら雨に濡れ、雪にさらされても弓がなまって狂ったりすることがないという。

天地創成の昔、火の神は右手にハルニレのチキサニ媛《ひめ》の手をとり、左手にはイチイのラルマニ媛の手をとって地上にくだったという神話がある。神話の発生源は火と弓とに関係がありそうであるがはっきりしない。人間が神に対して祈るとき、その言葉を正しく通辞する奉酒箸《エクパシユイ》をこの木でつくるので、あるいはそのこととも関係があるかもしれない。

この木の真皮や木質の芯の部分は、ハンノキの皮と同じように織物にする繊維を赤く染めるのに用いたが、これで染めた色の方がハンノキのものよりも温か味のある、おとなしい色調をもっている。果実はラルマニ・エプイとか、ラルマニ・フレップ・アエッポ（われわれの食う小さいもの）などといって、赤く甘い漿果をむさぼり食べた。これは心臓や胸の病気によいともいわれていた。

ツリバナ

クニッ（弓の木）とかコムケニ（曲る木）といっているように、昔はもっぱらこの木はイチイと同じように弓や矢にする重要な木であった。弾力があって曲げても容易に折れるということがないからである。

湿潤で肥沃な土地に、ノリノキやニガキなどと混生している小喬木で、花序がさがっているところからこの名がある。

ベニバナヒョウタンボク

知里辞典によれば沙流、千歳、上川、穂別ではアィナニ（鏃と矢柄とを連結する木の意で、樺太《サハリン》ではエゾヒョウタンボクをいう）といい、また様似、足寄、屈斜路、美幌、北見ではポネチと呼んでいるという。知里博士はさらにポネチについて、「**ponechi** わ、或いわ **pon-nichi,pon**（小さい）**nichi**（その柄

〈nit柄〉で、もとわやはり矢尻と矢柄を連結する継ぎ柄を云ったのではなかろうか。足寄では、現にこの木でそうゆう継ぎ柄を作ったとゆう」と記されているが、私は以前屈斜路でポネチというのはネムロプシダマのことだと教えられたことがある。いずれが事実であるかは今のところはっきりしていない。

矢毒になる木

獰猛なクマを斃す矢毒には主としてトリカブトの毒が使われるが、それほどでない相手の場合か、どうしても強力なトリカブト（トリカブトは三十余種あって、実際に猛毒のあるのはそのうちの二、三種という）が入手できないときには、色々と他の毒を混ぜたり、樹液にふくまれている毒を使う場合もある。

ニガキ

北海道の南西部ではシユ・ニ（にがい木）と呼んでいるが、北東部ではユㇰライケ・ニ（シカを殺す木）と呼んでいる。この木の皮をシカが食うと死ぬからであるといわれているが、野生動物が食えば死ぬようなものを自ら食うということは信じられない。この木の樹液を矢毒として用いたところからつけられた名であろう。名寄ではこの木の幹に傷をつけてとった樹液に、鉄や銅の鏃を赤く焼いて入れ、それでシカを獲る鏃にしたという。

この木を串にして魚などを焼くとにがくて食えないといわれ、また酒をつくるとき材料のアワやヒ

ナニワズ

エをこの木の薪で炊くと、酒がからくなって水をわらなければ飲めないなどともいわれている。なおこの木は腹痛のときの薬にもなったという。

またなぜかこの木で叩かれると骨までがとけて、片輪になってしまうというい伝えがのこされている。

ナニワズ

春早くに他の草も木もまだ芽を出さないとき、雑草にすら遠慮がちに黄色い花をつける小灌木で、アイヌ名ではケド・ニ（突張る木）とかケド・ハシ（突張る灌木）ともいうが、実際には突張るほどの力のない柔らかい茎である。春に花をつけて夏に葉がおちてしまうので、俗にナツボウズとも呼ばれている。

松浦武四郎の『西蝦夷日誌』第五篇浜益山道の紀行中に、「又夏坊主《なつぼうず》と云木あり。是は毒草のよし。夏は葉が落る故号《なづく》るか。土人此木を煎《に》て其汁を銛鎗《もり》に塗り、海馬《せいうち》猟に用ゆるに、如何計《ばかり》大なる海馬も一本にて斃ざる事なしと。」とあるのはこれである。海馬と書いてセイウチとふり仮名しているのはトドの間違いであろう。十勝地方でもあまり強力な毒性をもったトリカブトがないので、毒の弱いトリカブトの根にこの木の葉をつぶして混ぜたり、茎を火にあぶって捩り、しぼった樹液を混ぜたりして毒性を強くして用いている。しかしこれを仕掛弓に使うと内臓が腐敗しやすくなるという。

同じくケドハシと呼ばれているものにカラスシキミがある。

薬にする木

どんな草や木でも必ず人間のために働きをする使命を与えられて、天上の神の国から降されたものである。人間が病気になったとき、神になって病魔を遠くに連れて行くもの、人間が自分の力ではどうにも手強い野獣や海獣に出会ったとき、鏃や銛に乗っていって荒れ狂う獲物を鎮め、コタンに連れてくるもの、人間の体内に忍び込んで人間を苦しめる病魔を追いだすものなど、コタンの人々がどのようにしてそれらの協力者にめぐりあったものであるか、すでにそれらのいい伝えを知ることができないが、何か大自然の調和が、昔の人々をそれらの知恵に導いて行ったように思われる。いずれにしてもコタンの人々がこれらのものを山野から採集するときは、黙って採るということをせず訳を説明し、お礼として煙草などをあげてから頂く礼儀を忘れない。

ケヤマハンノキ

剣淵、嶮淵、毛根、杵端辺、ポンケネニタイなどという地名が各地にみられる。ケネペップト、ケネタイウンペなどからでた地名で、ケネとはハンノキのことで、またケネという言葉はケム・ニからでたもので血の木という意味である。それはこの木の皮に傷をつけると、傷口が人間の皮膚が傷ついたように、見るみる赤く血がにじみ出たようになるからである。この木の皮を煎じてつくった赤い浸出液は染料として、織物にするオヒョウの皮の繊維をひたして赤褐色に染めるのに用いた。赤く染める染料としてはイチイの木質の芯部とこの木の皮以外にはなかった。

この赤い浸出液は樹木の血であるとして、お産の前後や月経時、または肺病の喀血のときの補血剤として用いられた。また眼の悪い時の洗眼剤として、腹病や下痢、中毒などのときの薬としてもこの煎汁を用いた。なおこの木の真皮をつぶしたものは、血止めに用いると傷の癒りが早いという。日高の沙流川の奥では、魔除けに使うイケマ（ガガイモ科の植物）に中毒したときに、この木で神をつくり、「ハンノキの女神よ、あなたの力でイケマの婆さんを負かして下さい」とたのんで、ハンノキの煎汁を飲ませたりもした。

一般にこの木で神にあげる木幣《イナウ》をつくることはないが、それは昔この木で木幣をつくったところ間もなく腐って倒れ、あげた人も直ちに死んだからであるという。もし他の木がなくてどうしてもこの木を使わなければならないときは、腐らないうちに森の奥に持って行って納めるか、火にくべて燃やしてしまわなければならない。この木はもともと腐り易いうえに、木幣のように細かい削りかけをつけたものはさらに早く腐って、ボロボロになってしまうからである。しかし、沖の神であるシャチにあげる木幣だけは特別にこの木でつくる。それはシャチがなぜか赤いものを好むからであるという。

これはオホーツク海岸でも、日本海岸や内浦湾でも例外なく行なわれている風習である。これと直接の関係はないが、北見美幌に残る伝承説話に、

昔、国造神がこの国をつくったとき、ハンノキで炉縁をつくったところ、火の方にそり返って、上座の方を踏むと下座の方がはねあがり、下座の方を踏むと上座の方が頭をあげるので、腹をたてて海になげたら海馬《トド》になって海面に頭を出して泳いで行った。それで海馬の肉はハンノキのように赤いのだ。

というものがある。

オホーツク海岸の斜里では冬から春にかけて、流氷の海に出てアザラシ狩をするときに、舟の舳先と艫に海神とフクロウ神にあげるヤナギの木幣をたて、それにハンノキの棍棒木幣《シド・イナウ》を副え、猟が終るまで銛などの猟具と一緒に持ってあるき、猟が終ると海に流す。これは沖に猟に行ったとき一番おそろしい逆風から守ってもらうためのものであるという。

釧路地方ではリスをとったときにだけこの木の木幣をあげるという。昔リスは狩人にとってあまり喜ばれない存在であったから、これは決して神として敬愛してあげられた木幣ではないようである。

また日高地方に、

突き出た岬の上に
ハンノキが立ちあがったり
ハンノキがなびいたり

ハンノキがまがったり

という歌がある。一見たんなる風景描写の歌詞のようであるが、これは疱瘡神の歌であるから、流行病のときはうたってはいけないといわれている。疱瘡神は鳥の姿をして渡ってきて岬の木に翼を休めるが、好んでハンノキに止まる。それが止まったり飛びたったりするのをうたったものであるというが、本州の鳥追いの歌と何かかかわりあいがあるようにも思われる。

ミヤマハンノキ

高山帯の落葉喬木で、アイヌ名ではカムイ・ケネ（神のハンノキ）とかイワ・ケネ（奥山のハンノキ）ともいうが、一般にホルケウ・ケネ（オオカミのハンノキ）と呼ぶ方が多い。しかしこのホルケウは「恐らくporo-kewe-kene（大いに・悪魔を追う・ハンノキ）の意味だったらしい。」と知里博士の『分類アイヌ語辞典』植物篇にある。樺太《サハリン》では沖漁に行くときにこの木を持って行き、海神にあげる木幣をつくって海に流したといい、北海道でもオホーツク海岸や日本海岸では木幣をつくって、沖の神であるシャチにあげたというから、カムイ・ケネ（神のハンノキ）というところからすれば、海神にあげる木幣にはこの木を使うのが本来であったかもしれない。

ハンノキの踊り

エゾハンノキ

イヨハイヨ
行って　行って
行く先の
小さなハンノキの
　上をざわざわさせる

　これは古くうたいつがれた歌ではなく、ある都市が建設されるために、エゾハンノキの生えている痩せた湿原の奥に移された人々が、エゾハンノキの頭をゆすぶりながら故郷の方に自由に吹いて行ける風に望郷の思いをたくしてうたったもののようである。

　エゾハンノキは湿地を好んで成長するので、一般にヤチハンノキとも呼ばれているが、アイヌ名でもニタッ・ケネ（湿地のハンノキ）

とかサル・ケネ（湿原のハンノキ）と呼ばれている。

この木の樹皮は乾して貯蔵しておき、ケヤマハンノキと同じようにお産のときなどに湯にひたして、浸出液を補血剤として用いた。

なぜか古く集録された神話の中に、この木が世の中に病気をまきちらしたということが伝えられている。


ある日天上の神が、一本の大きなエゾハンノキを地上に降ろし、それをウェンピポク（悪い凹地）というところに植えた。ところがこの木にはシハパプという病気の神がついていた。それを知らない一人の人間が、あまりに美しく立派なのにみとれて、つい木の傍に近寄ったところ、木の中にかくれていたシハパプ神につかまってしまい、ひどい腹痛を起して倒れてしまった。その後もその木はどんどん成長して、梢は下から見たのでは雲にかくれて見ることができないほどになった。ところがある日突然大きな地響をたてて地上に倒れ、粉々に砕けて四方に飛び散ってしまい、それを風が地上一面に吹き散らしてしまった。それまでは地上に病気というものがなかったのに、その後はエゾハンノキにかくれていたシハパプが現われて、人々は色々な悪い病気のために苦しむようになった。（中田千畝『アイヌ神話』）

これはどういうところから伝承されたものかあきらかでないが、さきのケヤマハンノヤの疱瘡神の歌などと通ずるものであるかもしれない。

クロウメモドキ

昭和のはじめこの灌木が、当時北海道の農民を困らせた燕麦の環状銹病の、病原菌の宿主をするといって、見つかり次第に伐り倒されたことがある。そのとき、コタンの古老が便秘に悩まされたが、下剤の丸薬がどこにもなくなってしまったといって、伐り倒された木の枝を探して来て煎じて飲んだら、それでも通じがついたといっていた。ここで「下剤の丸薬」というのはクロウメモドキの果実のことである。どんな頑固な便秘のときでも、これを二粒か三粒呑めば、たちまち腹がゴロゴロと鳴り出して、間もなく坐っている隙がなくなるほど効きめのある下剤であったという。

アイヌ名ではユㇰヌマオニ（シカの毛のある木）と呼んでいる。皮の真皮のところにシカの毛のような粗剛な繊維が入っているところから名付けられたもので、キㇱキニ（獣毛の木）というところもあり、北見の美幌ではこの繊維を打撲傷の湿布として用いたという。

ホザキナナカマド

屈斜路湖畔の小学校にいたとき、風邪で欠席している学童を訪ねたところ、部屋の隅に脱ぎ捨てられてあると思った着物がムクムクと動き出して、病気欠席の子供が真赤な顔をして汗びっしょりになり、覆っていた着物の中から出て来た。よく見ると大鍋の中にホザキナナカマドの枝を入れて煮たて、その煎じた湯を飲んだ上に、湯気のたつ鍋の上に身体をふせ、湯気のもれないように大人の着物をかぶっていたのである。

これは湿地帯にある灌木で、アイヌ語でヌプル・スンケㇷ゚（霊力あるハギ）とか、スワシ（本当の灌木）などと呼ばれているのは、やはり病魔を追い出す魔力をもっているからであろう。

スンケㇷ゚とは北海道で俗にヤチハギという、ホザキシモツケやエゾヤマハギのことであるが、この名称の語源は止め串の意味ではないかと知里博士はいう。この木は焚火で魚を焼くときの焼串にしたり、魚を開きにして乾すときのつっぱりに用いられたりしたので、こうした名前がついたのかもしれない。

ミヤマウコギ

茎や葉柄まで一面に細かく棘が生えているので、俗にトリトマラズと呼んでいる。知里辞典でケヤマウコギといっているのはこれをさしているようである。北見美幌ではニタッ・シケㇽペニ（湿地のカラフトキハダ）といって、身体のふくれる病気というから壊血病かと思われるが、そのときにこの実を食べるとよいといわれ、また下剤にもしたという。

知里辞典によればエネンケニ（エン・エン・ケ・ニで、とげとげした木）という地方もあり、十勝足寄《あしよろ》では阿寒のエゾウコギと同じセタ・シケレペ（イヌのカラフトキハダの実）という名で呼び、果序を煎じて淋病の薬にしたという。

また釧路雪裡《せつつり》では、ユㇰヌマオニというのはクロウメモドキではなく、この木であるともいわれているし、日高静内では厚司《アッシ》を黒く染めるのに、この実を染料にしたともいう。

チョウセンゴミシ

実を口に入れるとマツの臭いがするので、北海道では俗にマツブドウなどと呼んでいる。漢方薬では北五味子というのだそうである。赤く美しく粒々のやわらかな実は、マツの臭いがするし少し酸っぱいが、子供たちは顔をしかめながらもこれをほおばる。

アイヌ名ではフレ・ハッ（赤いヤマブドウ）といい、蔓をフレハッ・プンカㇽといって、実や蔓を熱湯にひたして風邪薬にしたり船暈の薬として用いたことが、植物学の宮部金吾博士の報告にある。十勝では蔓をお粥に入れて粥に香りをつけたりもしたというが、屈斜路湖畔では雪の上を歩くときぬからぬように履く雪輪《テシマ》をつくるので、テシマッキ・プンカㇽといっている。知里博士によれば樺太《サハリン》でもテㇱマカラ・プㇱカラ（テシマをつくる蔓）と呼んでいるといい、またレㇷ゚ニ・ハッと呼ぶところもあるとされている。なお知里博士は、レㇷ゚ニとは太鼓の撥のことで、樺太《サハリン》では呪術師《シャーマン》が神憑るときにこの蔓を撥にして太鼓を打ちならすと報告されている。

ハナヒリノキ

山地に群落をなして自生する三、四十センチほどの灌木で、馬の脚の腫れをこの煎汁で洗うとよいというのは、コタンの人々が打撲傷を受けたときにこの煎汁で洗ったり、湿布にしたりしたのから見習ったもののようである。

新しい枝が赤い漆を塗ったように艶があるのでアイパシケニというのだというが、語源はよくわからない。

名寄では矢毒の中にこの樹液を混ぜたり、風邪のときに木質の削り屑を煎じて飲んだともいう。胆振の穂別でもアイニニといって、この木の枝を煮つめたものをトリカブトの毒に混ぜると、毒の効き目が早いという。

ハイマツ

釧路地方ではエピタㇷ゚（はね返るもの）と呼んでいるが、多くの地方ではトトヌㇷ゚（知里辞典によればメトㇳ・オㇽ・オ・フㇷ゚で、奥山の所に群生するマツの意という）と呼んでいる。

関場不二彦氏の『あいぬ医事談』によれば「千島エトロプアイヌは此実を食品とし又葉を煎用して

水腫病に用ゆ然れとも水腫病にはチカップフップ（五葉松）葉多く賞用せらると云ふ。利尿且つ下剤の効あり」とある。

私が沙流川筋荷負《におい》コタンできいたところによると、トトヌプというのはハイマツではなく、俗にシンパクと呼んで盆栽で愛玩されるシラビソであるということであったが、名寄ではやはりハイマツで、この木の皮を剥ぎ、木質部を削ってお茶にして飲んだという。

ヒロハノヘビノボラズ

一般にあまり知られていない灌木であるが、胆振虻田の古老が、昔は目薬にしたものだといって、海岸の岩場からとってくれたことがある。棘だらけの灌木でシッカニ（目の木）というのだと教えられた。この木の内皮の黄色いところを水に入れて、それで悪い目を洗うとひどくしみるがよく効くのだということである。

普通の植物図鑑には見あたらないが、『日本植物総覧』によれば、「灌木、刺ハ三出、葉ハ稍無柄、長楕円形、鋭頭、或ハ倒卵形若クハ倒卵状長楕円形、鈍頭、刺尖歯牙縁、長一二寸、乾ケバ赤褐色ヲ帯ブ、総状花序ハ六乃至十二花、葉ヨリ短或ハ稍同長、果実ハ広楕円形、濃紅色。北海道・本州（北中部）」とあり、ナンテンなどの仲間でメギ科の植物だということである。

エブリコ

「落葉松、蝦夷松の枯損木につくサルノコシカケである。表面は灰色で、中身は真白で、甚しく苦味がある。シイボルトが蝦夷地に多く産することを知り、これが寝汗の薬として効力あることを知らせたため、年々幕府が松前から献上を命じたものである。煎汁は、胃病に効あり、また体の痛い所や、馬の鞍ずれにつける。土人はまた発汗の剤となす」（宮部金吾『アイヌの薬用植物に就いて』）とあるように、サルノコシカケの一種だが、平たい腰掛状のものではなしに、木の横に丸く瘤のように出たものである。アイヌ名ではシウ・カルシ（にがい茸）ともいうが、ニ・トムトム（木の瘤々）ともいう。薬用として徳川幕府までが珍重したものであるが、内部の菌絲のところを刻んで、燧石で発火するときの火口《ほぐち》としても用いた。これは山歩きなどにも持って歩いたし、また火種にするために炉火の中に埋めたりもしたという。

魔物を逐う木

昔、村の入口や道の追分、家の入口や窓のところには鋭い棘が生えている木の枝であるとか、ひどくいやな臭いのする木の枝が立てられていた。これはこっそり忍び込む病魔を棘でおどかしたり、鼻をつまんで逃げださずにいれないような、いやな臭いを出して頑張ってくれる木の神々であった。

イヌエンジュ

医術の進歩していなかった時代には、病気を癒すということより先に、病魔に摑まって病気にならないということが肝心であった。それで疱瘡などおそろしい病がはやってくると、その病気を何とか部落《コタン》に入れないように、道に網を張って病気の神を通さないようにしたり、タラノキなどのように棘で物々しく武装した木や、イヌエンジュのように病魔も鼻をまげるほど臭い体臭をもった木の神に番をしてもらったのである。日高の荻伏では疱瘡がはやってくると、皮のついたままのイヌエンジュで十八本の棍棒木幣をつくり、それを村を守る三柱の神々に六本ずつもたせ、さらに疱瘡神にやる煙草、

村に入る分れ道に立てられたイヌエンジュとタラノキ

酒、豆、ヒエなどを供えた。

また釧路の阿寒では流行病が来たときに、皮のついた二尺くらいの棒の二、三ヶ所に、向かい合った十二枚（一方六枚ずつ）の翼《ラップ》のような削りかけをつけ、頭部にも小さい削りかけをつけ、頭部にも小さい頃けずり掛けをつけて入口の両側に立てた。他の地方でも入口や窓のところにこの木の枝を魔除けのヨモギやイケマと一緒に立てていた。同じ意味から、この木は家の柱にも使われた。

また阿寒ではヘビに祟られたときにこの木で六本の木幣をつくった。この木幣には同じくこの木で小さな矢筒や刀の形をつくってさげ、それを木の膳にのせて炉辺で火の神に供えた。そして「何かヘビの神が気にくわなくて祟っているらしいが、これをやるから祟ることをやめてほしい」といって藪にもっていって木幣をおさめたという。その他家の守神である神の木幣をつくったり、悪い病気が流行してくると、着物の襟や帽子などにこの皮を縫い込んだりするが、その他の神にあげる木幣であるとか、海とか山にいる神を迎えに行く（狩に行く）ときの狩猟具や漁具には決してこの木を用いない。病魔もそっぽを向くほどいやな臭いなので、よい神様までが嫌うからである。

この木は墓標をつくるのにも用いられるが、そればかりでなく、墓穴の底にも敷き、ガマ筵に包んだ屍体の上にもこの木の枝をかけるところがある。

意味ははっきりしないがアイヌ語ではチクペニと呼んでいる。日高ではウバユリでつくったお粥にこの木の皮を粉にして入れ、チクペニ・ドレプ・サヨ（イヌエンジュ入りウバユリ粥）という、魔物を酔わす酒をつくったりした。北見の美幌では男でも女でも、それぞれ男女の機能がやくにたたないオライ（陰部死ぬ）の状態になったとき、この木皮を湯の中で煮たててその湯気の中でふかすと、また元気が戻ってくるといっている。そのせいかこの木の皮を煎じたものは淋病に効くともいう。これとは反対に相手を不能にするには、やはり魔除けにつかうイケマの地下茎を寝床の下に入れておくか、それで叩いたりしたともいう。

胆振白老では子供が丈夫に育つように、守神としてこの木で木幣をつくり、それをイレス・プンギョウ（育て奉行）と呼んだという。またあるところでは、和人の夢を見ると何か悪いことがあるとして火の神に祈り、この木の枝で身体を祓い浄めたともいう。

「シリコロカムイ（大地を支配する神）が天上から天降るときに、この木がどうしても一緒に連れて行ってくれといった。そこでシリコロカムイは、〝人間が困っているときに役にたつなら連れて行ってやろう〟といって連れて来た。それでこの木は人間が病気になったときや死人がでたときに使われるのだ。」

左は病気逐い神（二風谷）、右は入口の守神（静内）

これは日高静内地方に伝わる説話である。この地方では死者があの世に持って行く副葬品として、小刀の鞘とか煙草入、火打石、女性には機織器などの型をこの木でつくり、また死人を包むガマの筵を綴じ合せるときにも、必ずこの木の枝を削ってつくった串を使う。このようにこの木を死者に使うのは、この木の髄がいかにも枯れ腐ったように見えるからである。人間が死ぬのは脊椎の中が腐るからであると信じられていたので、死者と同じ木とみなされていたのである。なお知里博士によればこの木の名のソコンニは、シコㇽ・ニ（糞持つ木）の訛ったものであるという。死者をとじ込める串にしたのは、この木が糞の木であるため、死者が自分で汚い木の串を抜くのを嫌い、死の世界からこの世に出て来られないようにしたものであろう。

釧路の塘路《とうろ》では皮をつけたままのこの木で、男にはY字形、女には棒状の墓標をたて、死者があの世へ行くときの案内をつとめる杖とした。私はこの墓標がそのまま根付いたものを見たことがある。空知の新十津川の奥でも墓標にはこの木を使い、イヌエンジュと同じように墓穴の底にも敷き、屍体の包みの上にもこの木の枝をのせて葬った。

またこれでつくった木幣はソコンニ・カムイ（ニワトコ神）といって、病気の神を連れて行く働きをするともいわれている。日高様似では皮のついたままのこの木で、男木幣と女木幣を三本ずつ作り、穀物だの煙草などを持たせて山に送り、遠くの国に病気の神を連れて行ってくれるように頼む。いつか私の家内が病気をしたとき、日高の沙流谷の古老が、皮のついたままのこの木の幹に三枚ずつ三ヶ所削りかけをつけ、火の神に頼んでもらった消炭を心臓にしたソコンニ・カムイをつくってくれたことがある。古老はそれを病人のいる寝床のところに置き、病気が癒ると消炭の心臓を出し、お礼に新しい削りかけの晴着を着せ、天上に送り返すために外の祭壇におさめてくれた。病気ばかりでなく心配事のあるときにも同じソコンニ・カムイをつくって、神々の出入りする神窓《カムイピアラ》のところに置いたり、人に憑きものがあったときには、ソコンニ・フチ（ニワトコ祖母）というこの木の枝で身体を祓って、それを川に流した。日高荻伏でも悪い獣やイヌに祟られたとき、ソコンニ・イナウ（ニワトコ幣）にたのんで、祟ったものを連れて行ってもらったり、心の悪い人に呪われたりしたときには、それを祈り返したりすることがあるという。

同じ日高の三石では、死者の供養の仕方が悪いために死霊が怒り、人間にさわりがあったときには、皮のついたままのニワトコで二本の木幣をつくった。この木幣は、一本は酒や煙草、穀物などの荷物を届ける役目をもった木幣で、上を斜に切って、四ヶ所に羽毛のような削りかけをつける。もう一本は理由の説明役であり、頭の部分に横に口のような形に刃物の跡をつける。この二本の木幣を人間の代理として、死者のところへいいわけに行ってもらうのである。

また樺太《サハリン》では子供が悪いものにさらわれないように、この木でセンシテ・ニポポ（知里博士によれば、si〈自分が〉-e〈それによって〉-niste〈堅固になる〉-nipopo〈木の小さな子〉の意だという）とか、ソコニ・ナンコロペ（ニワトコの顔を持つ者）という人形をつくって、子供の着物の襟や帯のところにお守りとしてさげた。それもこの木特有の臭気を魔物が嫌うからである。

知里博士によれば樺太《サハリン》ではこの木の掻き屑を病人や産後の婦人をあたためる罨法に用いたり、煎じて飲むなど、いろいろな方法で薬にしたのでニ・フチ（木の祖母）ともいって尊称しているという。北海道でも十勝広尾では、身体の痛むときにこの木の真皮を張りつけたり、風呂に入れて入ったし、春の芽出しのときの葉をとって陰乾しにしておいて、腹痛の薬にもしたという。また胆振の虻田では赤くなった実を酒に入れておき、三年たったものは肺病の薬にしたともいうが、名寄地方では墓標にも薬にも、まして神にするなどということはしないという。

キタコブシ

まだ春の山の樹々が灰色の眠りから覚めきらないときに、消え残りの雪のように山麓から山腹にかけて、匂やかな白い花を飾ってゆくキタコブシを、オプケニとかオマウクシニと呼んでいる。知里博士は「オプケとは放屁のことで、屁をたれる木ということである。オマウクシもオ・マウ・クシ（尻を風が通る）で、やはり屁をするという意味だ」と教えてくれた。そこで私が「昔の人は随分香りのいいオプケをしたものだね」とつまらないことをいったところ、知里博士は「そうではない、このオプケというのは花の香りではなく、この木の枝を折ったり皮を剝いだりしたときに匂う、一種の薬品的な芳香をさしたものだ。これも決してオプケ的な香りではないが、それをいい香りだといえば病魔が寄ってくるので、故意に鼻をつまみたくなる名をつけたのである。赤ん坊のことをテイネップ（ぐしゃぐしゃ濡れたもの）と呼び、坐れるようになるとションタク（うんこの塊）とかポンショ（小さなうんこ）などと、わざと病魔が顔をそむけるような名で呼んで、子供を病気から守ったのと同じだヨ」といってたしなめられた。

このオプケニの皮は各地でお茶として、あるいは風邪薬としても煎じて飲んだという。胆振穂別では魔物のお茶だといって飲まなかったところもあるというが、流行病などのときには枝をとって来て水桶の中に入れ、その水を飲料にしたり炊事用にも使ったというところが多い。

材は細工しやすいので杓子や箆には多くこの木を使った。

この花が下を向いて咲く年は雨が多く、横を向くと風が強く、上を向いて咲くと天気がよいというところもあるが、それは和人から伝えられた俗説のように思われる。

エゾノウワミズザクラ

この木も臭い木なので魔除けに使われる。アイヌ語キキンニは「身代りに出て危険を追っぱらうものになる木」（知里真志保『分類アイヌ語辞典』植物篇、一一九頁）の意で、この木は人間の身代りになってナナカマドとともに病魔などを防いでくれる棍棒木幣《シド・イナウ》（魔物を追い払うのに立てる棒状の幣）をつくるのに用いられた。

この木の生える土地は陰湿ではあるが地味の豊かな沖積土である。ところが、キキンという音が飢饉に通じるためか、この木のあるオキキンニウシナイ（雄木禽とも書く。エゾノウワミズザクラの多い川の意）とか、翻木禽（ポンキキンニウシナイで、小さい方のエゾノウワミズザクラの多い沢の意）という地名は開拓者たちをたじろがせたともいう。

イヌエンジュやエゾニワトコと同じように、この木は病気の神の鼻をねじまげて追い払ってくれるので、木幣として門口や窓にたてるだけではなく、水桶の水の中に浮べて置いたりもした。皮は腹痛のときの薬になったし、枝の真皮は煎じてお茶のようにして用いたり、お粥などにも入れたといらが、あまり多く入れすぎると臭味がついたりにがくなったりする。また風邪をひいたときにも飲んだが、ホザキナナカマドなどと同じように、鍋に入れて煮たて、あつい湯気のたつ上に着物をかぶせて、上半身を入れて発汗させたりもした。

ミズナラ

オオナラとも呼ばれるこの木は、アイヌ名でペロとかペロコムニと呼ばれている。和名のミズナラが示しているように、この材には水が多く含まれており、知里博士によればペロもまたペ・ノ（水を含んでいるの意）ではないかということである。

果実はカシワの実より長くて渋いというがやはり灰水でアク出しをして食糧にした。

流行病がはやって来たり、病人の出たときはこの木の神に頼んで魔除けにしたり、病気を癒してくれるように頼んだりする。とくに根元の方から三本に分れている木は特別に山の神の木として、決して伐ったりはしない。日本の樵夫もカシワに限らず三本股の木は山の神の木として大事にするが、どちらが先であろうか。

タラノキ

ハリギリと同じにアユㇱニ（棘の多くある木）というところが多いが、私が最初に屈斜路湖畔で古老から聴いたのはホㇽカ・アユㇱ（逆に棘が沢山生えている木）という名と、もう一つチッチャケレニという名であった。古老は「昔は女なんて股引を穿いていなかったべ、だから藪の中を歩いていてこの木をうっかり跨いだりすると、大事なところの縁をひっかかれる。だからそういうのだ」と笑って教えてくれた。つまり陰門の縁をひっかく木という意味だというのであった。知里辞典ではこのチッチャケレニという名を chit（膣に）sapkere（味を見させる）ni（木）として解説されている。

人間は自分たちがこの棘にひっかかって、ふだん散々痛い思いをさせられた体験から、それを利用することを思いついたのであろう、この木の棘のある枝は入口や窓のところ、また部落《コタン》への分れ道のところにもたてて、「近よると危ないぞ」と、病魔をおどす道具として用いられた。厚司《アッシ》の着物の袖や襟、裾などの網目模様をアイウㇱノカ（棘の多い印）といっているのは、やはり、これらの木の棘で病魔をおどしたのと同じ意味あいがあると思われる。

根を煎じたものは胃の病むときに飲んだし、新芽はもちろん春の食卓を喜ばせた。

エゾウコギ

ハリウコギという。棘があるので北見美幌のコタンでは悪い病気の流行したとき、この木で杖をつくって突いて歩いたといい、ニタッ・ソコンニ（湿地のニワトコ）というが、峠を越えた阿寒ではポンチカプ・シケレペ（小鳥のカラフトキハダの実）とか、セタ・シケレペ（イヌのシケレペ）と呼んでいる。これは実が食べられないからである。

千歳ではホルカアユシニ（逆に棘がどっさり生えている木）といって、パウチという淫魔を追い払うのにこれが一番よかったという。

カンボク

忍冬科の落葉灌木である。アイヌ名ヤルペ・ニの意味は明らかでないが、旭川の近文では魔物に悪戯をされないように、門口や、川にたてた簗の入口にこの木をたてた。幌別ではパシクレプ（カラスの食う物）といって、この果実の浸出液を目薬にしたり、胃の薬にもし、火箸にもしたと知里辞典にある。

千歳ではこの木で死体を包む莚《キナ》を止めるシンニヌプという木針をつくったという。この木針には多くエゾニワトコのように臭いの悪い、死者が手をつけるのをいやがるような木を用いるが、この木にも死者の嫌う何かがあるのであろう。

ハイネズ

北海道ではオホーツク海岸の砂浜にあるがアイヌ名をきかない。知里辞典によると樺太《サハリン》ではアいマ、アイマンニ、ゆタニなどといい、その「果実を飯に炊きこみ、油を附けて食った（真岡）。小枝を乾し貯えておき、悪疫流行の際、それに火を点じて線香の様に炉の隅に立てておいた（白主）」とある。

ホクチダケ

カバの木の傷口などに出る、表面が黒く、サルノコシカケなどとはちがって表面のざらざらした菌類である。タッニ・カルㇱ（カバの木の茸）とか、ペロニ・オマ・カルㇱ（ナラの木に出る茸）などとも呼ばれるが、カッパラ（?）ともいわれている。この茸の内部の褐色のところを細かく刻んで乾かし、木炭末や煤などを混ぜて、火口《ほぐち》入れに入れて持って歩き、エブリコと同じように燧石で発火するときの火口にした。

また「悪疫流行の際、或いわ魔物の出現の噂のある場合、魔除けの意味でこのキノコに火を点じて終夜戸外に放置しておいた」（知里真志保『分類アイヌ語辞典』植物篇、二四八頁）という。

木幣について

何かというと木を削って神に捧げる木幣《イナウ》とは何であるか。松浦武四郎の『納紗布日誌』に「イナホは稲穂の転語成べし。本邦関東の農家にて正月十五日質白成木もて稲穂の形作り糞壌に建（俗に云こひ塚）五穀豊饒の祈り、是をイナホと称す。此事いかにも太古の遺風と見たれ。されば此事の転じ伝りてイナホをイナヲと訛り称るや」とあって、本州の粟穂、稗穂、稲穂、豆はじけなど、木を削って堆肥の上に立て五穀の豊穣を祈願したものが転じ伝えられたのではないかとある。この説は今日も多く支持されているようであり、私も信州木曽谷で紙を切ってつくった幣とともに、木を削ってつくった木幣のようなものを正月に飾っているのを見たことがある。

幣はシャーマンの分布圏に広く存在している。日本では幣、ギリヤークはナオ、オロッコはイッラウギと呼んでおり、それは神の依代《よりしろ》であるというのが定説のようである。たしかに紙を切ってつくられた御幣は、見るからに白衣の神の姿であり、アイヌの守神などはさらに顔や口を持ち、火の神からさずかった消炭の心臓さえ持っている。西南部の守神は削りかけの着物を着てヨモギの刀を手挾み、ヨモギの手槍を持って武装している武神の姿である。もっとも、簡易な棍棒幣《シド・イナウ》というのは、僅かに削りかけがあるだけであり、もし削りかけをつける小刀を持っていないときは、ただの棒にブドウ皮かシナ皮を結びつけただけでも棍棒幣としての役目を果たしたという。

金田一京助博士の『アイヌ文化志』の中に次のような伝承がある。

熊を獲った若者が、一本の棒を熊の前に立てて山を下ると、棒ぎれは一人の男になった。そして暗くなると焚火をし、熊と咄をしながら番をした。そのうち夜が明けて、人間たちのやってくる音がガヤガヤ聞こえた。すると男は元の尺許の木になった。

この伝承は木幣というものが、人間にたのまれると人間の姿になって、獲物であるクマと話をする存在であることを物語っている。

私が長万部コタンで訊いた伝承にも「私（クマ）を獲った狩人が棍棒幣を立ててコタンに帰ったあと、夜になると、キツネが出て来て、私の荷物（肉）を失敬しようとやって来た。ところが白い着物を着た痩せて髪をバサバサさせた人間が立っていて、キツネはどうしても私に近寄ることができない。そのうち夜が明けたのでキツネはスゴスゴと帰って行ったが、キツネがいなくなると、白い着物を着た人間はまた棍棒幣になった」というものがある。また白老でも、「悪い鳥や獣が人間の獲った獲物をねらってやってきたが、柴を持った男が立っていて追い払うので近寄ることができない。夜が明けてみると男は棍棒幣になった」という神謡をきいた。

これらの神謡の中の棍棒幣は神と話し合う神ではなく、獲物の番をする番人である。

現在でも北海道の日本海岸の村々を歩いていると、海浜に打ちあげられている流木などに、縄を結

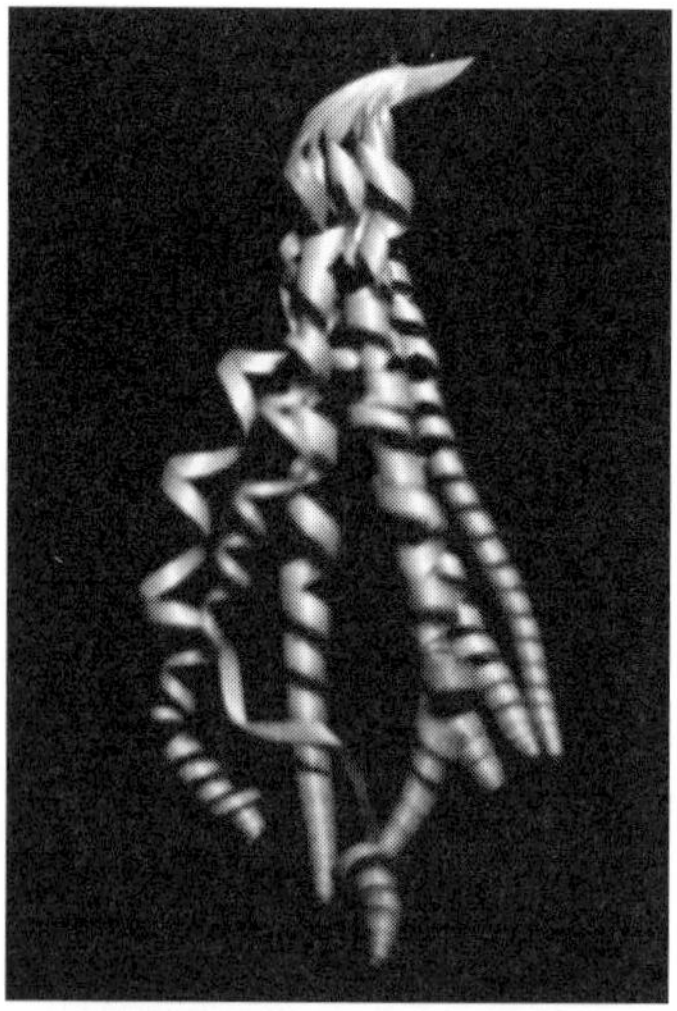

欠木幣（チメシュ・イナウ）

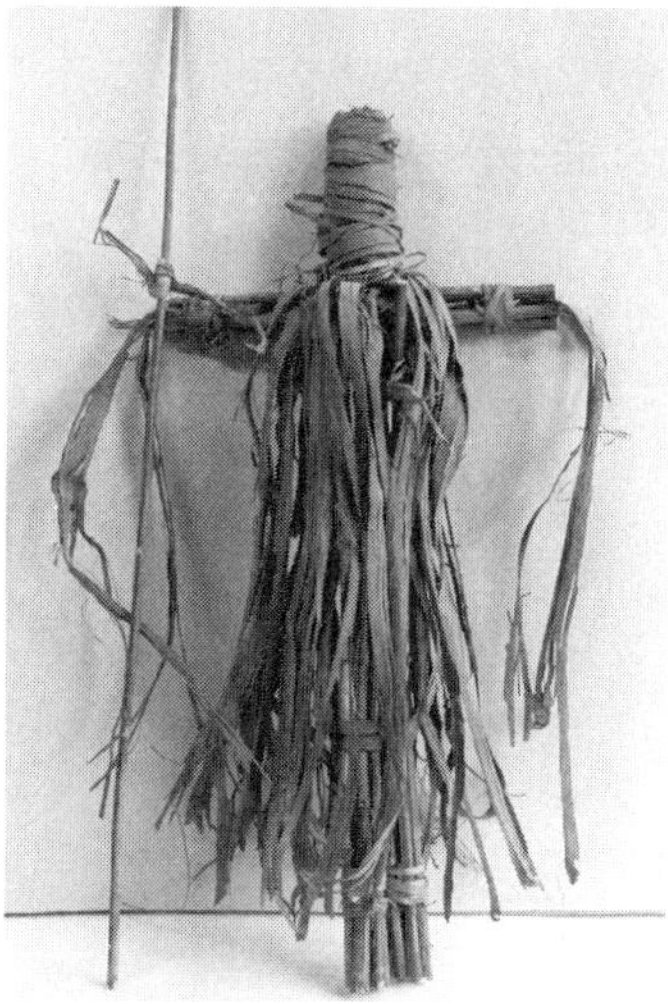

ブドウ皮でつくった神

釧路地方の棍棒幣（左は男棍棒幣、右は女棍棒幣）

上／樺太の入口の守神（左は男神、右は女神）

下／ミズキの棍棒幣（左）とハシドイでつくった家の守神（右）

びつけたり、名札を打ち付けて所有権を表示しているものを見ることがある。その縄や木札は棍棒幣と同じように、発見者にたのまれた番人なのである。なお本州でも、昔は所有権を現わすのに同じようなことが行われていたようである。

木幣は以上のような所有権を現わす番人としての性格から、やがて人間に協力する神的な存在に変わってくる。日高地方では故人の供養の木幣《イチャラパ》は、供物をあの世に届ける使者であり（荻伏）、病魔を逐うニワトコ幣《ソコンニ・イナウ》も、人間に祟って病気を起している魔物を、他に連れて行ってもらうためのものである。釧路屈斜路地方でも病人の首に削りかけをあんでかけ、病魔を他につれて行く仕事をたのんだという。日高貫気別《ぬきべつ》の詞曲には、和人の国に交易に行った者が、八幡様のお祭に行きあったので木幣《イナウ》をつくってあげ、歌舞すると木幣も人間の姿になってその人と一緒に踊ったとある。木幣はたんなる木の削ったものではなく、魂をもった生物だったのである。

また神である野獣や野鳥たちは、人間がつくってくれた木幣をもらうことによって、神としての資格が確固たるものになり、人間に憎まれることをして木幣を貰えないと、神の国での地位がさがるといわれている。昔、アイヌの始祖が、キツツキに木幣を送らなかったために祟られたというような詞曲があり、また沖を舟で通るときに地方《じかた》から木幣で招かれると、寄らずに通り過ぎることはできない、などという習慣もあったようである。『蝦夷島奇観』（村上島之丞）という本には「高貴の人に物を奉る時は必ず此物を添う。本邦の能志《のし》の意なるべし」とあり、神だけでなしに人に物を贈るときにも、贈り主の家紋を刻んだ木幣が添えられてあったという。贈り主の感謝や真心の印としてこれを贈ったものであろう。神もまた人間に多く感謝され木幣を沢山もらうことによって、神としての地位があがったようである。

木幣《イナウ》をつくる木はそれぞれ、人間のために守護神になる性格をもった木であって、シラカバやドロノキ、オヒョウ、イタヤ、エゾノコリンゴなどでは決して木幣をつくることがない。またイヌエンジュとかハンノキ、クルミなども、特別の場合以外には普通の神にあげるものはつくらない。

ナガバヤナギ

北海道にはシュシュウシナイ（ナガバヤナギの多い川）という地名がいたるところにある。

昔、天地を創造した国造神は、人間をつくるときに、この木をもって背骨にし、土をもって身体を形づくり、ハコベで髪や髭をつくったという。そのとき土地の表面の土でつくったのがアイヌで、アイヌの身体に毛が多いのは、地表の土の中に草の種が入っていて、それが芽を出したからであり、和人は底の方の、草の種の入っていない土でつくられたから、毛が少いのである。そして人間が老人になると腰が曲るのは、ヤナギの木を背骨にしたからこの木と同じようになるのだという。これは釧路地方にある人間創造の伝説である。

日高の荻伏にはこの木で家族中の守神をつくるところがあるが、同じ日高でも静内では、気の荒い木であるからといって、家の守神をつくることはない。この木は全道的に、例外なしにヌス、またはシュシュという名で呼ばれ、普通の木幣はたいていこの木でつくる。節が少くまっすぐ伸び、木質も白くきれいで刃物の切れもよく、弾力があって容易に折れたりしないばかりでなく、この木は再生力が強く、挿木をしても簡単に根付く力をもっていることなどが喜ばれるようである。この木の葉が太平洋岸でとれる柳葉魚《シシャモ》という小魚になるという、次の神話の根底も、そんなところにあるようである。

天上界にススランペッという美しい川がある。この川の東の方はよい女神たちの国であり、西の方は淫魔の女神の国であったが、この川のほとりに銀の葉をつけたヤナギの木があって、風の吹くたびに美しい音色をたてていた。その木の葉があるときあやまって地上に散り落ち、腐りそうになったが、神の国のものを腐らせるのはもったいないので神はこの葉に生命を与えてシシャモにした。

また別な伝説では「人間界が飢饉に見舞われたのを雷神の妹が天上の神の国に知らせたので、フクロウ神がススランペッの岸のヤナギの枝をもって舞いおり、それに魂を入れて川に流したのがシシャモになった」とある。シシャモの姿がナガバヤナギの葉に似ていること、この魚が川に溯るのは丁度秋のヤナギの葉の散る頃であること、もう一つは既に述べたようにこの木のもっている再生力とが、これらの伝承の背景をなしているようである。

サケやマスなどをとったときに頭を叩くイサパキクニ（それの頭を叩く木）というのは、この木の手頃の棒の一方の皮を剝ぎ、剝いだ方に削りかけをつけて棍棒木幣《シド・イナウ》のようにしたものである。これはもともとは木幣と同じものであったろうと思われる。

カラフトキハダ

普通北海道ではこの木のことをシコロと呼んでいる。これはアイヌ語のシケㇾペ・ニ（シコロの実のなる木）から転訛したものだろうといわれている。本州でもこの木の内皮を漢方で黄蘗といって、健胃剤その他の薬品として広く利用し、また染料としても用いた。コタンの人々もこの木の実を蛔虫予防や風邪、喘息の薬にしたし、真皮のところは乾燥して粉末にしておき、咽喉の病気や胃病、それから打身や腫物などの湿布薬として用いた。

北海道には各地にシケレベウンナイとかシケレベンベツ（共にカラフトキハダの実のある川）、シケレベニウシナイ（カラフトキハダの木の多い沢）などという地名があり、この木の利用面の多いことを物語っている。

秋に果実が黒く実ると、木の枝で鉤をつくって、それで引っかけて採集し、乾かして貯蔵しておく。冬になると他の収穫しておいたサイハイランやヒルガオの根、オオウバユリの鱗茎、それにコンブなどと一緒に煮てシケㇾペ・レタㇱケㇷ゚という料理をつくった。私もかつて釧路山中のコタンで、アザラシの油を煮立てた中にウバユリ団子やギョウジャニンニク、それにこの木の実を入れたものを御馳走になったことがある。またこの実をよく煮て潰し、凍らせたサケの筋子を入れ、かきまぜてさましておく。これを、凍らしたサケの肉を細かく切り、塩湯に入れて溶かしたものにかけると賓客の接待用の御馳走になった。さらにクマ送りのときには、クマの神に御土産にあげる御馳走として、魚油に入れてよく煮てつぶしたものをつくる。その一部はクマがお礼に置いていくが、参会者はそれを互いの顔になすりつけ、それをとって食べるのである。

木質の黄色いこの木で神に捧げる木幣《イナウ》をつくると、それは神の国に届いてから金の木幣になるといわれ、銀になるミズキよりも位の高い木とされている。これでつくった木幣がほしくて神々が争うから、木幣はつくらないというところもあるし、黄金幣《コンカニイナウ》はクマを送るときにだけ使うというところもあるが、クマには銀になるミズキの木幣を使い、キハダでつくったものは部落《コタン》の守神であるシマフクロウか、火の神以外に使うものではないというところが多い。またクマを送るとき、送られるクマの鼻にさす小さい木幣だけをこの木で作って、鼻先の皮をとったかわりに飾ることもある。

木皮は薬だけでなく黄色に染める染料にもした。色彩の名称は黒《クンネ》と赤《フレ》と白《レタル》とよりなく、普通黄色は白の仲間に加えられて呼ばれることが多いが、特別に「キハダの液がついている」という言葉で区別することがある。古くは家の床の敷物にしたり、草小屋の壁にはる家具材にも用いられ、また遠い山奥でクマを獲ったときなどには、この樹皮を丸剝ぎにして木皮舟《ヤラ・チップ》をつくり、それで運んだともいう。

樹木にはそれぞれ特性があり、枯木になっても容易に火のつかないドロノキを意地悪い木といい、焚木にするとよく燃えるが、パチパチ跳ねて燠を飛ばし、油断のならないハシドイの木は気の荒い木といわれる。しかしこのキハダの木だけは決して跳ねるということもなく、静かによく燃えるので心のやさしいおとなしい木として、冬の夜営のときの焚火の薪として用いられ、色々な意味で昔の生活と重要なかかわり合いがあった。

ミズキ

普通一般にウドカンニという名で呼ばれているが、イナウ・ニニ（木幣の木）とも呼ぶ。イナウ・ニニというとナナカマドをさす場合もあるが、それが地名についている場合にはたいていミズキに関係があるとみてさしつかえない。この木でつくられた木幣は、神の国に行くと銀になるといわれているが、ところによっては金になるというカラフトキハダを追い越して、この木でつくった木幣が金になり、カラフトキハダの木幣は銅になるというところもある。

この木を特に大切にするのはクマ狩りを主業にする地方のようである。これらの地方ではクマ送りのときにこの木でつくった木幣をもたせるのは最高の贈りものとされ、阿寒地方でも何日もクマの後を追って、もう少しで追いつきそうになったとき、

「ミズキの木幣がほしかったら、私のところにおいで」

と祈れば、そのクマは必ず獲れるといい伝えられている。日本海岸の浜益の奥には、天上の神々がわざわざ木幣の材料を伐りに来るところがあるといわれ、また釧路地方では、この木は人間の始祖の歌棄人《オタスツウンクル》の故郷にあったものが、全地にひろがったものであるなどともいわれている。

夏になってアブやカなどの吸血虫が出てくると、クマは枝が一ヶ所から四方に出ているミズキをさ

がし、その上にあがって虫の襲撃をさける。このことからミズキはクマの好きな木とされ、右のような伝承の背景となったのかもしれない。

阿寒地方や帯広辺では、呪術をする人が頭にかぶるドス・パウンペ（呪術冠）は、十二本のミズキの削りかけをより合わせてつくったという。また、ナガバヤナギやカラフトキハダなどと同じく、魚の頭を叩くイサパキㇰニ（頭叩き棒）をこれでつくり、

木幣《イナウ》　持《コル》て

木幣　持て

といって叩くと、叩かれた魚は喜んで神の国に戻って行くものであるともいう。

このように色々と大事な木であるので、むやみに折ったりしてはいけない。コタンの人々は「昔、心のひねくれた女が、夫が山狩に出かけた留守中に夫の大事にしていたミズキの枝を折ろうとした。すると女は枝に鼻をはじかれて鼻を半分とばしてしまった。だから決してそのようなことをするものではない」といっていましめている。

また怪我をしたときには、この木の皮を小刀で削り、それを布に包んで割木の先に挾む。それを火にあぶって傷口に当て、繃帯をすると怪我は化膿せずに癒る。

コシアブラ

コトルシニという。コトルは傾斜面のことで、斜面に沢山ある木という意味である。十勝の広尾や石狩川筋の新十津川では、神に対して不敬なことをしたとき、普通カラフトキハダの木で木幣をつくって詫びるが、それよりもよいのはこの木でつくった木幣であるという。

この木は焚木にすると木ははねないが、皮が丸くはねる。

その他の木

トチノキ

兎　兎　なぜ目が丸い
私のかあさん　栃の実を食べた
それで目が丸い

兎　兎　なぜ耳長い
私のかあさん　笹の葉を食べた
それで耳長い

これは胆振の虻田の老婆が、アイヌ語でうたって聴かせてくれた歌である。あまり日本的にまとまっているので、本歌は本州から来たのではないかと思われるがはっきりしない。とくにこの木は北海道の南部にしか自生していないのに、この歌が十勝でもうたわれているというので、いっそう疑問がひろがってくる。

しかもこの実にはアイヌ語固有の名前がなく、日本語と同じトチであり、木はトチニ（トチの木）と呼ばれている。またこの実を削って水に浮かし、その水で目を洗うことなども本州の田舎と同じである。なお知里辞典によると、幌別ではこの木で臼や杵をつくったという。

オオバボダイジュ

シナノキと同じように真皮の繊維は家をつくるときの縄として用いられたが、弾力が少し弱いのでヤイニペシ（ただのシナ皮）と呼んで一段価値の低いものとしてあつかわれている。

アサダ

杵にするくらいであまり昔の生活とは関係がなく、せいぜい焚木として役にたつくらいであったようである。釧路地方や日高の沙流地方ではセイ・カパルと呼ばれている。セイとは貝殻のことで、堅い木の皮を特にそういうのであろうか。カパルは薄いということで、堅いが薄い皮の木ということかと思われる。

北海道産の樹木では最も木質が緻密で堅いので、漁村のコンブ採りの竿にしたり、馬橇の梶棒にした。なお近年ではスキー材としては貴重なものであった。

サワシバ

アサダと同じように材が堅く緻密で、昔はステッキや洋傘の柄などに使われたものである。コタンではそれほど重用な木ではないが、名前だけは、パセ・ニ（重要な木）と呼ぶところがある。もっとも、パセにはたんに重いという意味もあるので、重たい木の意であるかもしれない。釧路地方ではヤㇽ・カパㇽ（樹皮が薄い）とも呼んでいる。いずれにしても用途は少なく、やはり薪にする程度である。

クロミサンザシ

サンザシの類は他にエゾサンザシ、アカサンザシなどがあるが、それを区別することなく、多くアペ・ニ（火の木）と呼んでいる。知里辞典では樺太《サハリン》でもウンチ・ニ（火の木）と呼んでいるというから、火の神の好きな木の意であるかもしれない。

昔、私が屈斜路コタンで聞いた名はカミウレニ（カム・フレ・ニで、肉質の赤い木の意）というのであったが、他ではそう呼んでいるところがない。

知里辞典によれば、樺太《サハリン》では赤い発疹が出たり、熱病にかかったとき、この木を黒焼きにして水にとかして塗った（真岡）という。また白浦《しらうら》では、横腹の痛むときにこの木を削って煎じて飲んだともいうことである。

ヤマナラシ

ドロノキと同じように釧路地方ではクルニ（クルンニで魔物の棲む木）と呼ぶところがあるが、多くはヌプ・クルンニ（原野のドロノキ）と呼んでいる。別に特別の用途もないためか、ドロノキが嫌われている側杖をくって、あまり喜ばれない木である。ヤイ・ニ（ただの木）などというところもある。

シャクナゲ／エゾユズリハ

厳しい冬を落葉もせず過すということには、並々でないものを感じさせられる。それだけに人々は、氷点下三十度の寒さにもたじろがず、氷雪の中に耐えて生命を維持しているこの植物たちに敬意の念を抱いたようである。

この二つの灌木はどちらもリヤハム、リヤハムシ、リヤエムシなどと呼ばれている。これらはいずれも冬を越す、あるいは越冬する葉がついているという意味である。用途としてはどちらも葉を煙草の代用に用いた程度である。なお、同じく煙草の代用にするものにコタニワタリもあったという。どういうわけかシャクナゲで叩かれると片輪になるといわれている。木質が緻密で堅い木だからかもしれない。

エゾムラサキツツジ

早春の山肌に、田舎の娘の簪によく似合いそうな花を咲かせるエゾムラサキツツジを、屈斜路湖畔ではハシポ・ケウスッ（ハシポの伯父さん）と呼んでいる。ハシポとは灌木の子供という意味で、イソツツジのことである。ツツジの仲間では一番丈が高いからかとも思われるが、釧路地方ではムジナがクマの叔父さんだともいわれているので、必ずしも丈の高いことが叔父さんということにはならないようである。伯父とか叔父とかは何か分別くさそうな顔をしているものだが、それほど役にたつものではない。このイソツツジの叔父さんも柄だけは大きいが、イソツツジのようにお茶になるわけでもなく、役たたずであるということから、こんな名前をつけられたのかもしれない。

ヤマツツジ

ムラサキツツジは北海道の東部に多いが、西部に野生しているのはエフレッポ（顔の赤い者）とか、フレッポ（赤いもの）と呼ばれているヤマツツジである。このツツジも別に昔の生活とあまりかかわりあいがなかったようである。

ネムロプシダマ

クロミノウグイスカグラと同じ忍冬科の灌木で、広葉樹林の陰湿な土地を好み、唇形の白くさびしい花をつけやがて黄色に変色する。胆振地方ではイソロカンニと呼んで鉋台をつくる木という意味であるというが、鉋台をつくるほど太い木にはならないので疑問である。

釧路地方ではポネ・チと呼んでいる。この木の枯れた枝は骨のようであるから、何かそれと関係があるかと思われるが、地元ではポネ・チとは骨を煮るという意味だといって、どういうわけかこの木で叩かれると骨がとけるといわれているが、これもはっきり理由づけができなく、疑問の多い木である。

ヤマウルシ

あまり用途についてきかない。屈斜路ではこの名のフッシとは塗るという意味であるといっていたが、知里博士は「邦語ウルシの訛である」といっておられた。ウッシとかウシ、ウシ・アチャ（漆の伯父さん）などと呼ぶところもある。

阿寒ではアイパシケ・ニといって、ノリノキでつくった木製の煙管《セーレンボ》に、この木の皮をまきつけておいて模様をつけたという。しかしすぐとなりの屈斜路では、同じように模様づけには使用するが、アイパシケニ（屈斜路では漆を塗ったような木の意という）というとハナヒリノキのことで、この木の若い枝条は漆を塗ったように赤く艶があるのでこの名があるという。おそらくこの方が正しいのではないかと思われる。なお、この木から漆をとって使うということはなかったようである。

ツタウルシ

ヤマウルシよりもさらに昔の生活との関係は少なかったようである。全道的にウッシ・プンカル（漆の蔓）と呼んでいる。

タカネイバラ

ピンクの花をつけ、秋に鮮赤色の実をつける野薔薇である。ハマナスに似ているが花色が淡くて小さく、実も小さいのでチカッポ・マウ（小鳥のハマナス）と呼んでいる。ハマナスのように実の肉質部は食べられなくはないが、ほとんど小鳥にまかせるよりないような存在で、ところによってはキムン・マウニ（山にあるハマナスの木）というところもある。

ツルアジサイ

ツルデマリ、ゴトウヅルなどとも呼ばれ、湿地帯や日陰の山地などで、他の喬木の幹をたよりに這いのぼって、白いアジサイのような花をつける。

アイヌ名ではユㇰ・プンカㇽ（シカの蔓）と呼んでいる。ユㇰとはシカだけでなくクマやその他山の獲物のすべてをさすのであるが、この場合何かシカが好むところがあるのかどうか、はっきりしたところがわからない。

ヤマアジサイ

イワ・ラスパとかイワ・ソコニと呼ぶ。いずれも山のノリウツギということであるが、ノリウツギのような色々な用途に使われたということをきかない。

エゾヤマハギ

ホザキシモツケと同じスンケㇷ゚と呼ばれたり、特別にヌㇷ゚・スンケㇷ゚（野ハギ）とかヌㇷ゚カウㇱ・スンケㇷ゚（原野の上に群れるハギ）と区別して呼ばれることもある。

特別に薬になるとか、病魔を逐うとかという力を持ってはいない、しごく平凡な灌木であるが、知里博士によると樺太《サハリン》ではイタㇵルイカムニ（おしゃべりする神）とか、イタㇵルイニというそうである。スンケㇷ゚は嘘をつく者の意でもあるので、おしゃべり木といったのかもしれないとある。

この花が散ってしまうとサケがのぼってくるといって、サケの漁期の目安にし、またサケを背びらきにして乾すときの突張棒にしたり、ガマの敷物がまくれないように地面に止める止め木にする程度しか利用価値がなかった。

ホザキシモツケ

北海道では俗にヤチハギといっている。物のない開拓当時は庭を掃く庭箒にしたり、魚を焼く焼串にしたが、これはコタンの人たちに教えられたものであった。春の芽出し前に切って挿木にして垣にすると、そのまま根付いてしまうという、非常に再生力の強い木である。

アイヌ名ではシンケㇷ゚とか、ニタッ・シンケㇷ゚（湿地のシンケㇷ゚）と呼ぶ。シンケㇷ゚の語源について知里辞典に、筵などを止める串をシㇽニヌㇷ゚とかケッ（ケッももとはシㇽケッだった）というので、それがシンケㇷ゚になったのではなかろうかとある。またイトシンニともいうが、この意味もはっきりしない。墓穴の底についている人間の足跡を消すのにこの木を使ったりするので、トシㇽニの訛りか、死体を包んだ筵を綴じ合せて止める木の意のトシㇽニッで、墓穴の串のことかもしれないとある。

とにかくシンケㇷ゚、あるいはスンケㇷ゚という名は、エゾヤマハギにも、ホザキナナカマドにもつけられている名で、いずれもサケなどを背開きにしたときの突張棒にしたり、火にあぶってU字型に曲げ、土間の上にしいた敷筵がはね返らないように止めるのに用いられた灌木の仲間である。

イヌコリヤナギ

一般にウライ・スス（簗柳）といっている。川の流れを八の字形に垣で堰止め、真中に袋網を仕かけて、川をくだる魚をとる簗をつくるが、その杭にこの木やナガバヤナギの茎や枝をからめて、簗の柴垣とするからである。

この木も生のまま油でも含んでいるようによく燃えるものである。ところによりヤナギランのことをウラ・スス（ウライ・ススの訛り）と呼ぶところもある。ヤナギランの葉はナガバヤナギに似ているし、山火などの跡地に群生する丈の高い草なので、実際に簗柴としてヤナギの代用に使われたのかもしれない。石狩川筋や日高静内ではこの名で呼んだという。

ムシカリ

リテンニ（しなしなする木）という。千歳では怪我をしたとき、この木を綿のように削って袋に入れ、それを患部にあてて血止めにしたという。

知里辞典に、樺太《サハリン》では「それで仕掛弓を作り、また tésma（かんじき）を作った」とある。

ハクウンボク

千歳ではオヨペレニ（ヤを打ち込んで割る木。ヤは木を割るときに用いる楔形の道具）と呼んでいるが、なぜこの木だけをそう呼んでいるのかも、割った木を何に使ったのかも不明である。

オオバスノキ

大雪山などの高山地帯にある灌木で、九月頃に黒く丸い実がなり、クマがよくそれに集まるので、狩人は秋になるとこの木の群落を狩場の目標にしたという。

旭川の近文や胆振の穂別ではアイェカリㇷ゚とか、アイェカリㇷ゚ニという。

プンカウ・カルㇱ

和名は何というかわからないが、アイヌ語のプンカウ・カルㇱはハシドイの木の茸という意味である。ハシドイの半枯の木に出るホグチダケの一種で、穂別コタンでは瘤のようについているこの茸を小刀で削って、煙草の代用にしたという。

サルオガセ

霧の多い地方の木の枝にさがる寄生地衣類なので、和名では霧藻ともいう。根室地方では家の板壁や神社の鳥居にもつく場合があるが、高山でなければ霧のかからない日高地方では、平地の樹木に見ることはまれである。これらの地方ではニ・レㇰ（木鬚）と呼び、山の神々のハンカチであるか、穂別コタンではシリコㇿカムイ（山を支配する神）の髯であるといって、めったなことには使わず、採っても叱られるもので、クマ送りのときクマの口がよごれたのを拭いたりする場合にだけ使われる。しかし道東方面のように平地に霧が多くて、どこの木の枝にでも魔女の毛髪のようにさがっているところでは、山で用をたしたときに落紙の役に使われたり、鍋を洗うときのタワシの代用などに使われたりするところもある。屈斜路ではカムイ・レㇰ（神の髯）とかフプ・レㇰ（トドマツの髯）などと呼んでいる。

紙の不自由だった開拓地ではこれを沢山とって来て、冬の便所の落紙に使われたが、近年では香水の香りを永もちさせるために集められている。

キツネノチャブクロ

多くの茸類があまり問題にされないのに、蹴飛ばしたり踏みつけたりすると、怪しげな煙のたちのぼるキツネノチャブクロのことを、シプヤノㇷ゚とかスプヤノㇷ゚（いずれも煙を持つものの意）といって、傷を負ったときの血止めにしたり、皮膚のただれなどにつけたという。

雑草篇

海藻・農作物を含む

食草

フキ

十勝の本別地方に、

コㇽコニ　サンナ（フキがでたよ）

マカヨ　サンナ（フキノトウでたよ）

とうたっておどる踊りがある。春が来て凍った土から緑が伸びてくることを喜んでうたった歌のようである。フキノトウは本州でも春の山菜として賞味されているが、コタンの子供たちはその芽出しのときばかりではなしに、五十センチほどになったものでも、皮をむいて春の緑をガリガリと逞しく食べた。もちろん焼いて魚の油をつけて食べたりもした。

フキは一般にコㇽコニ（フキの葉をもつ木）といっているが、フキノトウのことはマカコあるいはマカオと呼んでいる。北海道の東北部からサハリンにかけてはこのマカヨを二種に区別し、花が一面に綿のようにつき、花梗の肉が厚くて長く伸びるのをピンネ・マカヨ（雄のフキノトウ）、茎の肉が薄く、あまり伸びないで直ぐ枯れるのをマチネ・マカヨ（雌のフキノトウ）と区別しているが、アイヌ名で雄《ピンネ》のフキノトウといっているのが実は植物学的には雌性頭花というので、雌《マチネ》といっているのが雄性頭花なのだそうである。この地方ではすべて男性上位に考えているようである。

本州でもフキノトウのことをバッカイとかバッケイと呼ぶところがあるが、これは元来はアイヌ語である。パッカイとは子供を背負うことで、フキノトウが雪の間から丸く花を背負うようにして出てくる姿に名付けたものである。

地名の中にオコロマㇷ゚（川尻にフキのある沢）とか、マカヨウシナイ（フキノトウの多い川）などと名付けられたところがある。これは、フキノトウや葉柄を食用にしたばかりでなく、その他さまざまの役に立ったことを物語っている。山中で怪我をしたときにはこれを噛んで傷口につけたし、風邪のときには煎じて飲んだりもした。根も熱さましとして煎じて飲んだという。葉は包装紙にしたり落紙にも使ったし、コㇽス（フキの葉鍋）といって山中で野営するとき、これを五、六枚重ねて両端をしばり、その中に米と水を入れて焚火にかけると、フキの葉が焼けてしまうころに御飯になった。水で磨《と》いでうるかした米や生魚、ウバユリ澱粉などをこれに包んで土に埋め、その上で焚火をすると、お握りや魚の蒸焼きができる。砂地に穴を掘り、フキの葉を敷いて水を入れ、焚火で焼いた小石をいくつも入れると水が沸騰するので、小魚を煮て食べることができた。

子供の遊びに、

シネポン　コㇽカシ　カラメノコ（一つの小さいフキの葉小屋つくる女）

ドウポン　コㇽカシ　カラメノコ（二つの……）

と十まで間違いなくとなえる早口ことばがある。このコㇽカシ（フキの葉小屋）というのは、今でも魚釣りなどに山に入って何日も滞在する人々が、手頃の細木を六、七本立て合せ、それにフキの葉を何枚も重ねてつくった仮小屋である。三枚も重ねてつくったコㇽカシは二、三週間は充分雨露をしのぐことができた。伝説的小人として伝えられている童話の主人公コㇽポックル（フキの葉の下の人）とは、こんな生活をした人をさしたのではないか、と推理する人もある。とはいっても、フキの葉の下にいたから小さいと考えるのは、近代の丈の低くなったフキしか知らない人で、昔のフキは二、三メートルに伸びるのが普通であった。夕立にあうと馬に乗ったまま蕗《ふき》原に逃げ込んで雨宿りができたし、フキが一本あれば充分雨傘の役目をはたした。また腰に一枚、肩と頭に一枚ずつかけると、自然のインバネスにもなった。フキの多い沢とかフキノトウの多いところとか、地名にまで残るということはこのように衣、食、住のすべてにわたって利用されるものであったからであろう。

胆振の鵡川部落に「フキの小さな叺《かます》　ぶらぶらするよ」という歌がある。なぜこういう歌があるのかはっきりしないが、やはり生活と密接なかかわりあいがあったことを物語っているものであろう。

ヤブマメ

石狩川筋にアハタウシナイという小川がある。ヤブマメをどっさり掘る沢という意味である。春の残雪が消えるのを待って、コタンの老婆たちは陽当りのよい枯草原にしゃがんで、シッタプ（二股のシカの落角か、ハシドイの枯枝の股木でつくった土を掘る道具で、大地を掘るものの意）で土を掘りながら、

ヤブマメあれば
私は帰らないよ
ヤブマメなけりゃ
私は帰るよ
おいらにとんでこい
とんでこい

（胆振・長万部のヤブマメ掘り歌）

と明るい小鳥の歌のようにうたっている。この歌も地方によっては「ヤブマメ撒くように　石ころ撒くように　おいらに飛んでこい」（日高・静内）とうたったり、同じ長万部でも「ヤブマメ　ヤブマメ大きなヤブマメ　でっかいヤブマメ　俺に飛んで来い来い」（知里博士『分類アイヌ語辞典』）とうたったりするが、それはいずれも退屈まぎれの歌ではなく、ヤブマメに祈るように呼びかけたものである。

ヤブマメはアハとかエハというが、釧路地方ではヌム・ノカン（粒が小さい）とも呼んでいる。そ

ヤブマメ掘り（屈斜路）

れは地上に咲く花にできる莢の中の種子の粒が小さく、これが地上におち、水を吸って春に大きくなるのだと思われていたからである。実際はそうではなく、この草は一年生蔓性の荳科植物で、地上にも白と青紫の可憐な花をつけるが、これとは別に子葉腋から出る白い糸状の地下茎が土の中に入って閉鎖花をつけ、土の中に一粒の種子の入った莢ができる。この種がエハ、またはアハなのである。生の豌豆よりも大きい粒であり、非常においしいもので、穀物の飯に混ぜたり、煮て油をつけて食べた。老婆は枯草原の中でヤブマメの枯れた蔓を見つけて、それをたよりにシッタプで土を掘って丹念に集めるのである。

エゾエンゴサク

子供の頃私たちはこの花をトットと呼んだ。いかにも春の幸を運んでくる青い小鳥が群れているような花房であったからであり、それは夢の世界に通じているもののように思われたからである。

しかし部落《コタン》の人たちはこの花にあまり興味がなかったようである。別にチカプ・アパッポ（鳥の花）などとは呼ばず、たんにトマと呼んでいた。トマとは土の中にかくれている食べられる塊茎のことで、キバナノアマナの塊茎はチカプ・トマ（鳥の塊茎）と呼んで食べられないものとしている。

深い地中にある塊茎を掘りとって煮て糸に通し、乾燥して冬の料理に使いもしたが、掘ったのを水にさらしたあと臼で搗いて餅のようにして食べたり、煮たり焼いたりしてから魚油などをつけて食べることもあった。

ギョウジャニンニク

俗にアイヌ葱と呼ばれているが、和名ではギョウジャニンニクという。これは昔の山岳信仰の行者たちにとって、この山草が荒行に耐えるための精力をつけるのに、なくてはならないものであったところから生まれた名である。昔キトビルという名でも呼ばれたのも、祈禱者の食べる蒜《ひる》という意味であるということである。

アイヌ名では一般にプクサと呼んでいるが、フラルイ・キナ（臭いの強い草）とも呼んでいる。しかし地名にはプクサ・ウシ・ナイ（ギョウジャニンニクの多い沢）とか、プクサ・タ・ウシ・ナイ（いつもギョウジャニンニクを採る沢）というのはあるが、フラルイキナの多いという地名はない。むしろキト・ウシ・ヌプリ（キトビルの多い山）とか、キト・ウシ・イ（キトビルの多いところ）というのが多く、鬼頭牛、喜斗牛、来止臥、起登臼などと漢字を当てている。キトと呼ぶのは北海道の東北部からサハリンにかけて、奥地の方に多いところからすれば、キトは祈禱と関係のない言葉だったのではないかという疑問すらうかんでくる。

釧路や北見地方では春四、五月になって降る雪のことを、キトチンペレプ（キトを目茶苦茶にするもの）といって腹をたてる。土がガンガンに凍っている中でも、すでに十センチ近くも伸びているこの草は、どの草よりも早く芽をだして、緑に飢えていた人々の血の中にとけ込み、強烈な臭いとともに冬の間眠っていた全身の機能を、一時に沸騰させずにはおかないほどの成分をもっている。それが心ない雪のために無惨に踏みにじられるからである。

食べた人の血をたぎらさずにはおかない強精力をもっているこの草は、プクサという名がいやな臭いということだともいわれているように、その驚くべき臭気はどんな病気の神様でも鼻を押えて逃げ出すほど強烈なので、あらゆる病気のときに薬として煎じて内服した。風邪、肺病はもちろん、腎臓病や下痢、火傷や痔、婦人病とか打撲傷、皮膚病の洗滌や罨法などにも使う。このように万病に効く力をもっていたから、病気になってからばかりでなく流行病などがはやってくると、枕の中に入れたり入口や窓のところにさげて、病魔の鼻をねじりあげたし、ふだんの食生活の中にもできるだけ取り入れた。冬の間の食糧としても、刻んで乾して貯蔵しておき、必要に応じてそれを混ぜ御飯に炊き込んだり、アザラシやニシンの油などを入れて健康食をつくる重要食品であった。近年山菜として見直され、ジンギスカン鍋に入れると強烈な臭いも消えるなどといわれて、市販されるようになった。

ウバユリ

北海道アイヌは旧暦四月のことを「少しウバユリを掘る月（モキウタチプ）」といい、五月を「どっさりウバユリを掘る月（シキウタチプ）」と呼んでいる。現在の五月から六月にかけては、新緑の林の奥に入って澱粉をどっさり含んでいるウバユリの鱗茎を採集する月だからである。

地名にもドレプ・ウシ（ウバユリの沢山あるところ）とか、ドレプ・タ・ウシ・ナイ（ウバユリをどっさり掘る沢）などと呼ぶところがいたるところにある。これは昔この澱粉質食糧の植物が耕作された畑のように多かったことを物語っているし、文化神の奥方がこれを掘って来て川で洗っていると、鱗茎の一つが川に流れ、海にいって亀になったという昔話も、ウバユリが古い時代から重要な食糧であったことを物語っている。

植物学的にはオオウバユリとか、エゾウバユリというのが正しいということである。これが五、六月頃になって広い葉をひらきはじめると、シッタプという鈎形の土掘り道具か、先をヘラ形にした棒で掘り取り、鱗茎を一枚一枚剝がして水洗いし、それを臼に入れてつぶすか、ヤチダモの樹皮を丸剝ぎにした舟形の容器の中に入れて、手頃の棒で叩きつぶす。つぶれてどろどろになったところに、俗にナナツバといわれているハンゴンソウの葉を入れておくと、ねばりがなくなって粕がとりだしやすくなる。粕をとるにはシナの木の皮やブドウ皮で編んだ手提げ袋のような籠に入れて漉すのである。こうしてたまった澱粉はイルプ（それにとけたもの）といって、かためて乾燥して貯蔵しておき、必要なときにかたくり粉のように砕いて熱湯でねり、サケの筋子をつぶしたのをつけたり、団子にしたのにくずかきのようにしてかけ、筋子を添えて大事な招待客用の御馳走にだした。

なお粕の方も大切な食糧で、大きくドーナツ形にかためたドレプ・アカム（ウバユリの環）という塊にして乾燥しておく。これは冬の植物食糧の乏しい季節に、削るかあるいは水をかけて叩き、柔らかくなったのを小さな団子にして、熱灰に埋めて焼いて食べた。

鱗茎のすべては貴重な食品であったから、ウバユリのとれる季節に山に行くときには、これをとって山刀《タシロ》の背で叩いてつぶし、それをフキの葉かホオの葉に包んで浅く土に埋め、その上で焚火をするとおいしいむし焼きの弁当ができた。

昔、名寄の人々はこれで酒をつくったということをきいたことがある。カツラの木の皮を煮た汁に米とウバユリとを入れてお粥をつくり、それに少しばかり麹を入れて醗酵させ、濁酒にしたのだという。米が足りないとき、量を多くするために使ったようであるが、ウバユリだけでもできるように思われる。

昔の酋長が語ったという物語の中に、次のようなものがある。

私は立派な酋長で、妻とも仲よく平和にくらしていた。するとあるとき、こんなうわさが耳に入って来た。東の方から小さな女が小娘を連れて、村ごとに酋長を訪ねて歩いているという。女たちは酋長からお椀を借りては、物陰に行ってそれに脱糞をし、それを酋長に食べろといって差し出す。汚ながって食べないと、怒って散々に罵倒するというのである。

やがて小女たちは私のところにもやって来て、四方山の話をした上で、うわさの通り椀をかせといって物かげに行き、やがてどろどろしたものを椀に一杯に盛ってきて差し出した。見たところは汚なそうだが、よい匂いがするので思いきって食べてみた。するとなかなかおいしいので、妻にも分けて食べさせた。その晩女たちは私たちのところに泊まって私の夢の中に現われ、「私たちはウバユリとギョウジャニンニクだが、喜んで食べてくれて有難かった」とお礼の言葉をのべて消えた。それから私はそのことを部落の人々に教えたので、皆から感謝され尊敬されるようになった——と浦士別《うらしべつ》の酋長が物語った。

この物語は最初にのべたように、植物をたんなる植物としてではなく、人間と同じ生活をするもの、人間のために働く存在としての神と考えなければ理解できないものであろう。アイヌの人ばかりでなく、北海道を最初に開拓した人々や、冷害でうちのめされた人々を救ったのは、行政官庁の役人ではなくて、初夏の林の中に淋しく香り高い花をひらく、神のようなこの植物の鱗茎であったといっても過言ではない。ドレㇷ゚タウシのウバユリを掘りつくしたのは、クマでもアイヌでもなく移住開拓者だったといわれている。

ザゼンソウ

地方によってはベコの舌という名で呼んでいる。特にスカンク草と呼ばれるコザゼンが多く、東部の釧路、根室、北見地方やカムチャッカ、アリューシャン、アラスカにまでひろがっている。開拓時代にはこれを春のブタの飼料にもした。

アイヌ名ではザゼンソウもコザゼンもシケㇽペ・キナと呼んでいる。シケㇽペはカラフトキハダ（俗にシコロという）の実のことである。カラフトキハダの実は喘息などの薬にもしたし、調味料としても用いられたものであるが、ザゼンソウの葉がこのカラフトキハダの実と似た、いがらい味がするところから「カラフトキハダの実の草」と呼んだのである。

この葉は茹でて乾して貯蔵しておき、必要に応じて植物食糧として用いたり、カバの木から出る樹液（タッニ・ワッカ）の中に入れて、特殊な味をつけるのにも用いられた。

ブタの飼料になるくらいだから、クマもシカも喜んでこの草を食べた。そのためか、カムイ・キナ（神の草、神はクマのこと）ともいったし、祭のときの歌に、

アプカ　トパ　ホー　（雄鹿の　群だ　ホー）

ホー　トパ　ホー　　（ホー　群だ　ホー）
ウシㇱキナ　ホー　　（蹄の跡が草を　ホー）
ホー　キナ　ホー　　（ホー　草を　ホー）

というのがあって、全道的にうたわれている。この中の「蹄の跡が草を」というウシㇱキナは、地方によって固有名詞でフユノハナワラビだとも、フッキソウだともいうが、知里博士によると、サハリンではザゼンソウ（コザゼンか？）をウセヘ・キナ（ウセヘはオセヘの転訛で広い草（葉）の意であるという）と呼ぶとのことであるから、この歌のウシㇱキナはウシㇱ・キナでザゼンソウをさしたものかもしれない。

エンレイソウ

ザゼンソウが春の陽を受けて林の中で坐禅を組む頃、あたりは南から渡ってきた小鳥たちの歌声でみちあふれ、その歌声にさそわれるかのように、地上は星をばらまいたような花々で飾られる。

ニリンソウ、カラフトネコノメソウ、キバナノアマナ、かずかずのスミレ、それに淡紅紫色のエンレイソウやムラサキエンレイソウ、シロバナエンレイソウやオオバナエンレイソウ等々である。しかしこの地上の星々と昔のコタンの生活とはあまり関係がなく、「み空の花を星といい、我が世の星を花という」とうたわれたスミレなどは、ほとんど振り向いてももらえなかった。そんな生活に関係のないところに使う無駄な細い神経はなく、太くたくましい、伸々とした神経がコタンの人たちの全身を支配していたようである。

だからエンレイソウにしても、淡紅紫色や白の花弁の色などは問題にされず、花の終ったあと夏の藪かげにこっそり稔っている、あの甘い実が重要だったのである。それでエンレイソウの仲間はすべてエマウリ（イチゴ、漿果などの意）と呼んでいる。

私が屈斜路湖畔のコタンの小学校にいたとき、古老の一人から試験されたことがある。淡紅紫色の花をつけたエンレイソウと、花色の白いシロバナエンレイソウを示して、「どっちが男でどっちが女だ」というのである。変だと思ったが「白が男で、薄紫が女だろ」といったら、古老は待ってましたとばかりに笑いだした。その反対だったのである。私が不服そうにしていると、

「アイヌは花の色なんかできめないんだ、実できめるんだよ。花が白くても実が丸くて角がなく、皮も柔らかくてすべすべしている方がマッネ・エマウリ（雌のエンレイソウ）で、花の色は女らしいけれども実が角ばってごつごつしている方がピンネ・エマウリ（雄のエンレイソウ）なんだ。これを忘れるな、アイヌとシャモのちがいがそこにあるんだ。」

とぴしゃりといわれてしまったものである。

エンレイソウを私たち開拓地の子供たちはヤマソバといった。またアメフリバナともいった。ヤマソバといったのは、やはり花ではなくて実の形が、開拓地の重要食糧であるソバの実に似ているからであった。アメフリバナといって、親たちがこの花をとると雨が降るといましめたのも、花をとると僅かばかりの北国の自然の恵みである甘味を、むざむざと捨てることになるからであった。無心な子

供の手から貴重な甘味を保護するための、開拓地の貧しい母たちの親心のあらわれであった。

フユノハナワラビ

北海道のものは正しくはエゾフユノハナワラビというのだそうである。ザゼンソウと同じくウシス・キナ（蹄草）と呼ぶところがあるというが、この草は群生しないから、シカが群をなして蹄でこの草を踏みつけるということはないように思われる。

冬の間の寒さや雪にも負けずに緑を守り通し、雪が消えると冬越しの葉をひらいて、最初の原野の食草として食膳を賑わせた。サケをひらきにして冬の寒さにつるし、いわゆるシバレ乾しにした乾魚《サツテキベ》を煮て食べるときに、この草を刻んでふりかけて食べるのであった。知里博士の『分類アイヌ語辞典』によれば、サハリンではチライ・キナ（イトウの草）と呼ぶという。やはりこれと同じように、イトウを食べるときの調味料にしたのかもしれない。

私は自分でまだ実際に食べたことがないので、はっきりしたことはいえないが、これをプクサ・キナ（ギョウジャニンニクの草）と呼ぶところがあるのは、ギョウジャニンニクに似た味があるからかとも思われる。もっとも、無味無臭のニリンソウのことをプクサ・キナと呼ぶところもあるから、あるいはギョウジャニンニクのように薬草として、産前産後にこの草の汁を飲ませたり、肺病にもこの煎汁を飲ませて病気恢復をはかったところからつけられた名であるかもしれない。

ニリンソウ

北海道では一般にフクベラといっている。セリやミツバなどとともに代表的な春の山菜であるが、芽出しの頃は毒草のトリカブトに葉がよく似ているばかりでなく、同じ場所に生えるので、戦争中の野菜不足のときにトリカブトを混ぜて食べ、中毒さわぎをおこしたことがあった。葉の形は大変よく似ているが、摘みとったあとの切口が、水々しい淡緑で円形であればニリンソウであり、淡桃色で三日月形であればトリカブトである。なお白い梅の花に似た花が咲いていれば、間違いなくニリンソウである。

アイヌ名ではプクサ・キナ（ギョウジャニンニクの草）と呼ぶところが多いが、葉の形も、食べた味も全くギョウジャニンニクとは似ていないのに、なぜこの名で呼ばれるのか全く見当がつかない。千歳辺でオハウ・キナ（お汁の草）というのは、汁の実にして食べたからであり、またニセウペ・ラ（ウラベニイチゲの葉）と呼ぶところもあるのは、葉の形が似ているからである。

エゾノリュウキンカ

全道を通じてプイタウシナイ（エゾノリュウキンカをいつも掘る川）とか、プイウシナイ（エゾノリュウキンカの多い川）と呼ぶ地名が非常に多い。日高の笛舞という美しい地名は、アイヌ語プイオマㇷ゚（エゾノリュウキンカの中にあるもの〈川〉）の当字である。

アイヌ名プイとはこの草の根のことである。秋になるとこの根を掘りとって煮たり、乾燥して貯蔵しておき、冬にサケの筋子やアザラシの油などを入れて煮て食べた。また火傷をしたり大きな傷をうけたときに、この根を煎じた汁で傷口を洗ったり、患部にあてて繃帯をしたと知里博士の辞典に見えている。

北海道では俗にヤチブキといって、葉柄を春の山菜料理に用いた。湿地や泥川の中に、ミズバショウなどと一緒に春早く梅の花に似た黄金色の花をつけ群生する植物で、近年は観賞用に都市の店先にまで進出している。

ヒトリシズカ

葉が四枚あるのでエネ・ハムン（四枚葉がある）と呼び、これを乾しておいてお茶にした。

クロユリ

「あの女はアンラコㇽだ」という言葉をきいたことがある。アンラコㇽとはクロユリのことである。

「どうして？」とき返すと、「クロユリは枝がなくて一本きりなものだ、子供を生めない女のことをそういうのだ」と説明してくれた。要するに子供のいない孤独な女性をいうのである。

アンラコㇽとは黒い葉をもつということで、花弁が黒いからである。「黒百合は恋の花」などとうたわれているが、現実の花はまことにいやな臭いがする。

昔の人々は生活と関係のない花に対してはあまり関心をもたなかったが、この花弁はつぶして黒い染料に用いたり、サハリンでは文身の染料に用いたという。しかしそうした花の利用よりも、この草の根についている米粒のような鱗茎を掘って、洗って貯蔵しておき、それをご飯に炊き込むなど、花以外の部分により大きな利用価値があった。

アンラコロナイ（クロユリ沢）、アンラコロオマナイ（クロユリの中にある川）などという地名が多い。根室の風蓮湖の中にハルタモシリ（食糧を掘る島）とかアンラコロモシリ（クロユリ島）と呼ぶ小島があるが、太平洋戦争のときに食糧増産のために耕やされて、今ではクロユリを見ることはほとんどなくなってしまった。

エゾスカシユリ

クロユリやクルマユリの鱗茎よりも粒が大きいので、イマキ・パラという。イマㇰとは歯のことで、パラは広いということである。鱗茎が歯に似ているというよりも、鱗茎をこの植物の歯であると受けとめていたようで、この歯はクロユリと同じようにご飯に炊き込む食糧であった。ところによってはマサロルンペ（砂丘にあるもの）というところもある。それも砂丘に咲く花の意というより、砂丘にある食糧の意の方が強い。

クルマユリ

野の娘の簪を思わせる可憐な花をつけるこの草も、クロユリやエゾスカシユリと同じように、花に対しては関心がもたれなかったようである。これをニマキ・アネ（歯が細い）と呼んでいるのは、地下の鱗茎に対して名付けられたものである。

私は子供の頃屈斜路コタンの人からパララというのだと教えられた。それは幅広い葉ということであるが、われわれの感覚ではこのユリの葉は放射状に出ていて、決して一枚一枚は幅広いものではない。しかし放射状の全体を先の分れた一枚の葉とみればたしかに広い葉ともいえる。千歳で鱗茎をニヤカイと教えられたが、知里辞典には沙流、鵡川、千歳、長万部では ni-yo-kay「ニよカイ」（ni〈歯〉-okay〈群生する〉）とある。

カタクリ

幕末の北方探検家松浦武四郎は、その著書『十勝日誌』の中でこの花のことを、フレエプイと記している。フレ・エプイとは紅い蕾ということで、おそらく「この花は何というのだ？」とたずねたのに対して、案内人が「何だ、赤い蕾ではないか」と答えたのを、この花の名と思い違いしたようである。この抒情詩のような可憐な花も、昔のコタンの生活とは何のかかわり合いもなかったから、その花が可憐であろうがなかろうが問題ではなかった。それよりもこの花の土の中にかくれている部分に、たっぷり澱粉がふくまれていることが生活の上に重要だったのである。名寄では日本の古語から転訛したかハタカンコといって、根から澱粉をとるばかりでなく葉も食べたし、球根は煮て糸に通して乾し、これをハタカンコサイ（カタクリの列）と呼んだ。

アイヌ名ではエシケ・リムリムとか、エシキ・マイマイという。意味はよくわからないが、花についた名ではなくこの球根につけられたものである。これをどっさり掘って来て、臼で搗いて笊か編籠でこして澱粉を沈澱させ、澱粉粥や澱粉がきにして食べる、大事な澱粉質食品であった。

ゼンマイ

クサソテツやヤマドリゼンマイと同じくソルマと呼び、あるいはオシダと同じく食えないからカムイ・ソルマ（魔のソルマ）とも呼んだというが、実際はゼンマイは食用にされたし、若い茎についている綿毛は子供たちを喜ばせる鞠になった。

ノビル

十勝本別の老婆を訪れたとき、マスを一尾ぶらさげて行って、一度食べてみたかったチタタㇷ゚（われわれが叩き叩きするものの意で、魚の鰭や鰓蓋、氷頭とか白子などを生のまま微塵に刻んで塩味をつけた食べもの）をつくってもらったことがある。そのとき老婆は家の裏に行ってノビルをとって来て、それを刻んでチタタㇷ゚にふりかけてくれた。その味が今もって忘れられない。あのときノビルが入らなかったらと思うのである。

メンピロ、メンピル、ネンピロなどと呼ぶのは、いずれも日本のノビルの訛りであるとすれば、これを調味料にするのも日本から入ったものかもしれない。

エゾネギ

小樽と室蘭に祝津という地名があり、シクツと呼んでいる。語源はアイヌ語のシクト゚ㇽでエゾネギのことである。釧路海岸にはシュクト゚ッウシナイ（エゾネギの多い沢）というところがあるが、祝津も昔はエゾネギの群落地に名付けられたものであり、今はその面影はないが地名が昔の植物景観を物語っている。

アサヅキとも呼ぶこの植物をシクドㇽの他にシクドッ、スクドッなどとも呼ぶ。若い茎葉は山菜としたし、根にある球根はノビルと同じように刻んで、魚の煮たのにふりかけて調味料にした。

タチギボウシ

一般にウレッパとかウルイと呼ばれている。夏の湿原帯を夕暮色に染めて咲く百合科の植物で、アイヌ名はウクㇽ・キナとかウクリ・キナという。ウクㇽとかウクリの意味がわからないが、まだ花の開かない若い葉を採って山菜として食べたり、刻んで乾して冬の貯蔵食糧にもした。日高沙流谷できいた話に「男性が不能者になったとき、ウクㇽ・キナの葉を女房の恥部にあて、ウクㇽキナの神に願って、その葉を突き破るとまた精力が復活するという。それほどの魔力がこの植物のどこかにあるのかもしれない。葛西猛千代の『樺太アイヌの民俗』によれば、サハリンのアイヌの人たちはこれを蔭干にして細かく刻んで煮たものをさまし、それにイタヤの木やシラカバからとって醱酵させた樹液を入れ、よくかきまぜておいて濁酒をつくったという。

日本海岸の濃昼《ごきびる》山道に送毛《おくりけ》という聚落があるので行ってみたら、裏の沢にウクリ・キノのタチギボウシが咲いていた。

オニノヤガラ

なぜかこの植物をヌスビトノアシなどともいう。オニノヤガラにしても変な名である。寄生草本で全体に緑がなく何となく妙な感じの植物だからであろう。アイヌ名でウニンテㇷ゚とかウニンテㇰというのは、揃って姿を消すものという意味で、枯れた茎も残さず姿を消してしまうからである。屈斜路湖畔の古老たちはなぜかオソㇽコマㇷ゚（尻にあるもの）と呼んでいる。どうしてそんな名がついたかわからないが、根につく大きなイモのような塊茎は、煮たり焼いたりして食べられるので、下手に手間をかけてジャガイモなどをつくるよりも、一日探せば背負いきれないほど集ったという。

ガガイモ

イケマに似ているし、バチェラー辞典にはこの根や莢を生で食べすぎると中毒を起すと書いてある。チドィレㇷ゚とかドドレッポというが、知里辞典によればチドィレとは千切れるということである。根がイケマに似て深く土に入っているが、イケマのように強くなく千切れやすいので、この名がついたかと思う。種子の入っている袋果はホタテガイの貝殻に似ているので、ハッケテㇰ（ホタテガイの殻）と呼ぶところもある。イケマと同じようにこれは子供たちが水に浮べて遊ぶ小舟になった。

虻田では春に根を掘って洗い、四、五寸に切ってヤブマメと一緒に茹で、筋子を入れてつぶしたものにニシンの油などを入れて食べた。また種子についている綿のような繊維は血止めに用いたという。

ユキザサ

北見滝ノ上にペペロナイという川がある。ペペロはユキザサのことで、ユキザサ川という意味である。この若芽は山菜として日本でも愛好され、ユキザサというよりもアズキナという名でしたしまれている。

冬の貯蔵山菜として茹でて乾しておき、ギョウジャニンニクなどと一緒にごはんに入れて、アザラシやニシンの油をつけて栄養食にした。

エゾニュウ

シュウキナ　トペン　（苦い草　甘くなれ）

キナ　トペン　（草　甘くなれ）

エゾニュウの皮をむくとき、こういってうたうと苦味がなくなって生で食べられるという。コタンの人に教えられて開拓地の野童たちも、水気の多いサクサクした若い花茎の皮をむいて空腹をみたし

た。知里辞典によれば登別の方では皮をむくとき「フッサ！」といって息をはきかけ、

お前もしにがかったら
便所の中へ
突っこんで
やるぞよ！

といったり「お前もしにがかったら／お前の尻の穴／ほじくって／やるぞよ！」といったりしたという。草も人間の言葉をききわける生き物の仲間だったのである。

シュウキナとはにがい草の意である。シュウキナウシナイ（エゾニュウの多い沢）という地名がある。なお海浜の砂丘に生えるハマボウフウをオタシュウキナ（砂浜のエゾニュウ）と呼んでいる。

松浦武四郎の『天塩日誌』の中に「醸《ヤヤサケ》を作らしむるに、土人の法として鹹艸《シュキナ》の乾たる等入、玄米に麹《カンタチ》を合せ甚手軽きもの也。是則ち夷地有㆑草名㆓阿麻爾于㆒似《タリ》㆓白芷土当帰之類《ニ》㆒又一種草似㆑是而葉稍ゝ細《ク》如《シ》㆓大麻葉㆒名㆓侈耶区㆒（三字合呼）二草土人皆作㆓蔬食《ト》㆒寛政癸丑歳魯西亜国船送㆓還我漂民㆒其人多収去云作㆓醸酒草麹之料蕃名宇伊哆囉玻《ト》㆒譯曰㆓酒草《ト》㆒（近聞偶筆）と有もの也。」とあり、これで酒をつくったとある。ヤヤサケとは普通の酒の意で濁酒をいう。

アマニュウ

チスイェオマナイという地名がある。アマニュウの茂った中を流れる川ということである。この若い花茎はエゾニュウと同じように皮をむいて生のまま食べたり、茹でて乾しておき、混ぜご飯《ラタシケプ》に入れて食べた。

ハナウド

知里辞典によると樺太《サハリン》では色々の呼び名があったということであるが、北海道では一般にピットクと呼んでいる。ピットクの意味については「pir（きず）-tuk（癒合する）か」と知里辞典でも疑問を投げている。

北見美幌では子供の尻がただれたりすると、この草の根を噛んでつけたし、大人も痔の悪いときに坐薬として用いたという。

北海道でも若い茎の皮をとって生のまま食べたし、乾しておいてお茶のようにして飲んだり、粥に混ぜたりしたというが、知里辞典には樺太《サハリン》での調理法が次のように記されている。

皮をむいて乾しておいた葉柄を生温い湯の中に漬けておいて柔かくする。それから細かく裂いて刻み、鍋に入れて煮て、それを手で絞っておく。別に、数の子を水に漬けて柔かくし、それを小刀で細かく刻んで、木鉢の中に入れ、海豹の油を杓子で少量くみ入れて、まっ白くなるまで擂粉木で搗きつぶす。さらに、それえ「チえトイ」〔chi（我ら）e（食う）toy（土）、食用粘土〕を少量水にといて入れる。そして、さきの手で絞っておいた葉柄の刻んだのをこの中え入れて、かきまぜて食った。この汁わ、母乳代りに幼児にも飲ませた。その飲ませ方わ、ハナウドの花茎の適当な太さのものを擇び、十五〜十八チセン位に切って水につけておき、柔らかくなったら一方の端を糸でくくって、他方の端から吹いてふくらませ、その中にこの汁を入れて端を結び、何本でも作って上から吊しておく。それを「キなピセ」kiná-pise（草の油袋）と称する。それを赤坊に与える際わ、一方に小孔をうがってそこから吸わせるのである。（『分類アイヌ語辞典』植物篇、六五頁）

ウラジロイタドリ

草丈はひくいがオオイタドリの仲間である。これにできる実を集めて臼で搗き、精白して飯に炊き込んで食べたので、クッタラ・アマム（イタドリの穀物）とか、アマム・クッタルといった。

オオイタドリのように茎は皮をとって生で食べたが、知里辞典によれば、サハリンではこの若い茎とクロユリとを食土をとかした水で煮てから鉢に入れてつぶし、それに海獣や魚の油を入れて料理をつくったという。これをイルレヘ・チカリペ（ウラジロタデの料理）というが、オオイタドリも若いときには同じようにイルレヘといって、同じ料理をつくったということである。また成長するとどちらもドックッといったという。要するに同じように利用されるものは、多少種類がちがっていても同じ名でよかったのである。

オニシモツケ

日高の一部ではシペ・クッタㇽ（鮭《さけ》イタドリ）と呼んでいる。この花が咲くとサケがのぼるからであろう。イシメ・キナ、イシメ・クㇳ、イシメ・クッタㇽなどと呼ぶところもあるが、イシメの意味が明らかでない。

ヒルガオ

村娘たちが好んで髪飾りにでもしそうなヒルガオの花の咲くのは、夏も過ぎようとする頃であるが、この可憐な花は部落《コタン》の人々にとってそれほど意味のあるものではなかった。しかしその地下を這っている白くて細い根はケンとかキッテㇱ、キテシなどと呼ばれ、早春に掘って刻んでご飯に混ぜたり、煮て油をつけて食べたりした。その根を掘るとき、

キッテㇱ（ヒルガオの根）
キッテㇱ（ヒルガオの根）
ドゥルルケ（きれずに続け）
ホイヤア（ホイヤア）

ドゥルルケ　（きれずに続け）　　（知里真志保訳）

と呪文のような歌をうたったという。

ハマヒルガオ

砂浜に人知れず咲いているハマヒルガオは、ヒルガオと同じように砂地深く這っている根を掘られて食糧に刻み込まれた。ピスン・キッテㇱとは浜辺にあるヒルガオの根の意である。

バアソブ

ツルニンジン（チルムㇰ、トペムㇰ）の本家のようにムㇰと呼ばれていて、やはり根を生のままで、あるいは焼いたりして食べたという。胆振の鵡川という地名は昔食糧にこまったとき、ムㇰの根を掘って食べたので、ムㇰアッ（バアソブの群落）と呼ぶようになったのだという伝説があるが、この地名は原野についたものではなくムッカ・ペッ（ふさがる川）という川の名からでたものである。この川は潮流の関係で川口が砂でふさがり、時々移動するところから名付けられたものであって、バアソブとは関係がないようである。

ツリガネニンジン

ツルニンジンと同じ桔梗科に属している。梢上に淡紫色の小さな鐘状花をつけて、秋日の原野を飾る植物であり、コタンの子供たちはこの花の子房を食べたという。

アイヌ名では一般にムケカシと呼んでいる。ムケカシはムㇰ・エカシ（バアソブの祖父とか翁の意）のつまったもので、バアソブの祖父というのはこの草の根がバアソブやツルニンジンよりもずっと太く、蔓で他の草の茎にからまることなく、独立して立っているからかもしれない。

またモㇱカㇽペと呼ぶところもある。モㇱはモセで、普通はオオバイラクサのことである。またモセカルというと繊維をとるためのイラクサを刈ることをいうのであるが、家の屋根や壁にする草を刈ることもモセカルといい、山や海の獲物を置くときその下に敷く草のこともモセカルというので、あるいはこの草を獲物の敷草にしたのでこの名がついたのかもしれない。

カラハナソウ

北海道でビール醸造が可能だということを外人顧問団に知らしめたのは、この野生のホップであるカラハナソウだったという。

この蔓草の根は芽出しの頃は甘味をもっているので、糖分に恵まれなかった昔の子供たちはコサと呼んでこれを集め、焼いて食べたという。知里博士によれば、胆振幌別ではこの果実を粟飯にふりかけて醗酵させ、麹をつくったこともあったという。

十勝足寄《あしよろ》ではどうしてかこの蔓をパウチ・プンカㇽ（淫魔の蔓）といっており、蔓を乾してもみ、表皮をとって糸にしたというが、同じ十勝でも芽室太《めむろぶと》で訊いた話では「カラハナソウはオフルコドイペ（尻を土手に下げているもの）といって、根を食べるとおいしいものだ。パウチ・プンカㇽというのはこの草ではなくいやらしい蔓で、根もなくて木にからまり、茎に棘がなくて赤みがかったものだ」ということであった。カラハナソウには棘があるし、根もあるのでこの話とは一致しないように思われるがはっきりしない。

アザミ類

アザミの仲間は北海道に幾種類かある。エゾノノアザミ、エゾノサワアザミ、エゾノマアザミ、タカネキタアザミ、マルバノヒレアザミ、キタアザミなど数えあげるときりがない。だが部落《コタン》ではこの棘のある草を一々区別する必要がなかった。いずれもアユシクッタㇽ（アイ・ウシ・クッタㇽで、棘のいっぱいある筒状茎の意）といってことがたりた。この植物は若い芽を汁に入れて食べる以外には、特別の用途がなかったからである。

ミツバタネツケバナ

山奥の清水の湧くあたりに日光をさけるようにして生長する十字科植物で、エゾワサビの仲間である。セリやミツバは食べなかったので名前すらあたえられていないのに、この植物はアイヌ名でシペ・キナ（鮭草）と呼ばれている。サケを食べるときにこれを刻んでふりかけ、調味料としたからである。

アイヌワサビ

俗にヤマワサビという野生のワサビで、ニセッセリとかリセッセリと呼んでいるが、意味ははっきりしない。北見美幌ではチャルカルペ（口をびりびりさせるもの）と呼んでいるから、やはり調味料として用いたものと思われる。

イチゴ類

アザミと同じようにイチゴ類にもほとんど区別がない。エゾクサイチゴからエゾイチゴ、ウラジロイチゴ、クマイチゴ、シロバナノヘビイチゴ、ナワシロイチゴまで、すべてこれらの実はエンレイソウと同じようにエマウリといったり、クロミノウグイスカグラやガンコウランの実と同じようにフレップ（赤いもの）と呼んで用が足りた。特別にタチイチゴをフレ・エマウリ（赤いイチゴ）といったり、カムイ・フレㇷ゚（神のイチゴ）と呼ぶのは、その実を食べるだけでなく、血便の出る病気の薬として、この枝をゲンノショウコなどとともに煎じて飲んだからである。またエゾイチゴをユㇰエマウリ（熊イチゴ）とかキモ・フレㇷ゚（山にあるイチゴ）と呼ぶのも、これの茎葉をイソツツジの茎葉とまぜて風邪のときに煎じて飲んだことによる。その他の特別な用途をもたないものは、とくに区別する必要を感じなかったのであろう。

ナギナタコウジュ

部落《コタン》でお茶にするものにはホオの実やエゾイソツツジの枝葉などがあるが、秋の路傍に薄紫の可愛らしい薙刀形の花序をつける唇形科のこの草も、陰乾しにしておいてお茶のようにして飲んだし、お粥の中にもみ込んで香気をつけ、病魔を遠ざける保健剤にもした。そのためこれを家の近くに植えていたことが、探検家松浦武四郎の『夕張日誌』の中に「……又傍に香需《セタエント》を植たり。是は飯を炊て後湯に入、香を出し呑が為に植置とぞ。比なき時は五針松。姫石楠花を入る由也」と記されている。ご飯を炊いたあとの鍋に水を入れ、それに陰乾しの草を入れて香気高いエント・サヨ（香需茶）として愛用したのである。なお五針松はエゾマツ、姫石楠花はイソツツジのことである。

エントとはエゾミソハギのことであるが、もともとはこれらの植物の種子のことであったらしい。セタ・エント（イヌのエント）というところもある。

ヤマゴボウ

キンミズヒキと同じようにイパコカリㇷ゚（われわれの頭にからみつくもの）と呼ぶところもあるが、一般にはセタ・コㇽコニまたはシタ・コㇽコニ（イヌのフキ）と呼んでいる。イパコカリㇷ゚と呼ぶのは、キンミズヒキやゴボウの実が、無遠慮に人にからみつくからである。それで無作法な人間のこともイパコカリㇷ゚というところがある。この性質を利用して、ネズミに庫《プ》の中のものを荒らされないように、庫の脚のまわりにこれをばらまいたり、高庫の脚にしばりつけておく。すると、ネズミは身体にひっかかるとはなれないゴボウの実の棘をおそれて近よらない。セタ・コㇽコニと呼ぶのは、役にたたないフキの意で、食べられないフキということのようであるが、若い葉は団子に搗き込んで食べたりもしたし、傷口や腫物にもんでつけると膿を吸い出したという。

ハマエンドウ

夏の浜辺を赤紫に飾るハマエンドウも、食糧にするにはあまりに貧しい粒であったからか、パシクル・マメ（カラス豆）とか、オタ・マメ（砂浜豆）と呼んでいる。鵡川でメナサルというのはメナシ・ハル（東方の食糧）がつまったもので、俺たちはそんなものは食わないが、東方人《メナシウンクル》なら食うだろうという、東方人を揶揄する名のようである。樺太《サハリン》の白浦では「この果実わ、採集して煮て油をつけて食べた」と知里辞典にある。

カワラハハコ

歳老いた母を思い出させるような、乾いた白い花をつける母子草の一種であるが、コタンではヨモギ（ノヤ）の仲間としている。

アイヌ名のシルㇱ・ノヤは岸に群生するヨモギの意味だという。近文コタンではこの葉を煙草にしてのんだといい、北見美幌でもチクムン（われわれののむ草）といって、この花を乾かして揉み、煙草が不足したときにこれを混ぜて吸ったという。

モミジガサ

山林の陰地に自生する草本で、植物図鑑にも山菜として「嫩苗ヲ採ツテ食用ニ供ス」とあるように、日高地方ではシトキと呼んで、若芽を食用にした。

ヒシ

釧路の塘路《とうろ》湖では秋九月になりヒシの実が稔ると、ペカンペ・カムイノミ（ヒシ祭）の儀式をする。四方の神々にこの水草の稔りを感謝するとともに、採集に障りのないようにと祈願をし、これがすまないと採集にかからない。この風習は今日もまだ守られている。このように野生植物のために祭をするということは、世界的にめずらしいことだそうである。

ヒシの実は一般にベカンベと呼んでいるが、アイヌ語ではペ・カ・ウン・ペで、水の上にあるものという意である。浮袋で水に浮かぶ葉の陰にこの実がついているからである。

塘路湖では祭が終ってこれの採集に行くとき、漁撈や狩猟に行くときには絶対にうたわない特別の舟歌をうたいながら舟を漕ぎ出す。

ホー　チプ　（そら舟よ）

塘路湖畔のヒシ祭

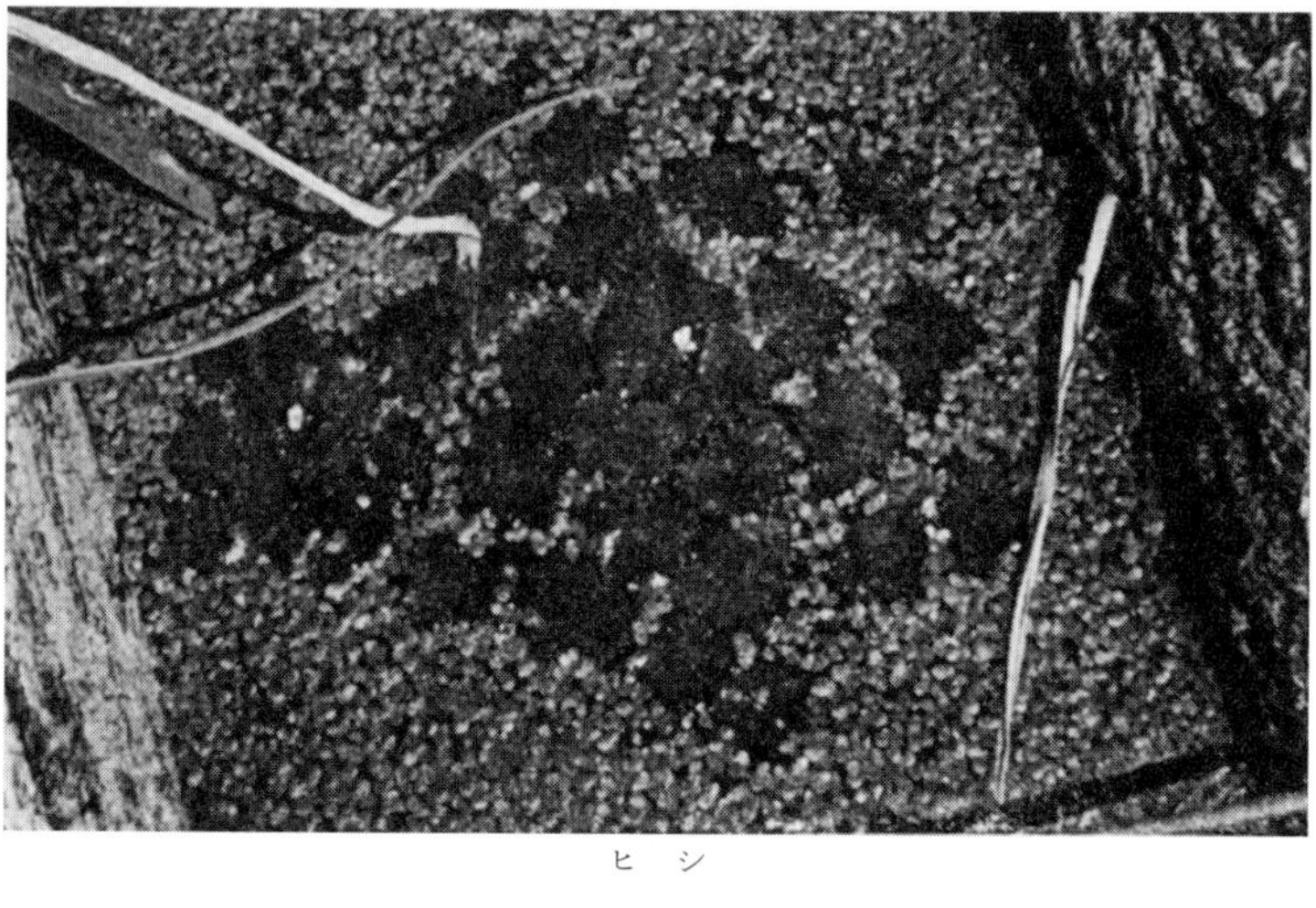

ヒ　シ

テレケレ　フン（とべとべ　フン）

ホー　チㇷ゚　（そら　舟よ）

ホー　フン　（そら　フン）

動物を追う隠密の行動ではなく、明るくあけ放された労働にふさわしい歓喜の歌である。そして水面にただよう群落にたどりつき、先立つ老婆が、

ケタ　ハタ　（群落をとってみたか）

とうたうと、一緒に行った娘たちが、

ケタ　フレ　（群落が赤いよ）

とうたう。群落が赤いということは、ヒシの実が完熟したということである。なお、ここにヒシがあるのは、昔、国造神がこの島をつくるとき自分の弁当であるヒシを置いて行ったのであるといって、祭のときには特別にカムイ・レタシケㇷ゚（神の弁当）という祈り言葉を使う。

現在では塘路湖以外ではあまり知られていないが、地名を調べて行くと、イウㇰ・ウㇱ・ト（ヒシをいつも採る沼）という地名が、オホーツク海岸や十勝、宗谷、石狩地方にもあり、網走湖でも昔はヒシ祭をしたといい、舟唄につぎのようなものがある。

どこで菱を採る
小屋があるのか
あそこから舟がでてきた

どこで菱を採る
舟がでたのか
あそこに小屋がある

採りたてのヒシの実は茹でるとクリのようにおいしい。採ったヒシは天日で乾かし「シコッ(現在の千歳)土人多く是を食料とする也、多くとる処にて十俵廿俵をも貯ふ」と松浦武四郎の『エゾ漫画』にあり、『天塩日誌』にも現在の問寒別《といかんべつ》附近で「此上に沼有て菱《ペカンペ》多き由也。是土人の糧食にして此沼大きかりし時は人家此辺に多く有りしと、今は沼埋れ菱実も絶し故人家も絶たりと。……」とあるように、これを冬の食糧として貯蔵した。粥にしたり混ぜご飯にしたり、ときには濁酒をつくったりする貴重な澱粉質食品であった。

コオホネ

明治初年、北海道に最初にできた集治監(監獄)が、現在の月形町の樺戸《かばと》集治監であった。このカパトとはコオホネのことで、この地を流れる石狩川の古川の跡にはコオホネが静かに花を浮かべていたのである。もちろんその花に格別の用途はなく、人々は沼底の泥にうまっている根茎を木の鉤でひっかけてあげ、食糧としたのである。これは貯蔵食糧とするために削って茹で、編袋《サラニツプ》に入れて川の水にさらしてから汁の実にしたり、乾しておいて混ぜご飯に入れたりもしたが、主として冬に氷を破っ

て採り、塩汁に魚と一緒に入れて煮て食べた。これを沼底から引きあげるとき、胆振の幌別では、

ホー　リセ　（そら引っこぬけ）
ホー　リセ　（そら引っこぬけ）

と口をそろえてうたったという。

バイカモ

山地の清冽な川水の中に自生する藻で、ウメバチモなどともいわれ、水面に浮かんでウメの花に似た五弁花をつける。本州北部では川松などと呼ばれ、山菜として食膳を賑わせているが、釧路塘路コタンでもアツトリといって、春の食草にしている。

コンブ

永い間、檜山の江差も北見枝幸も、エサシという地名はコンブを意味するものだといわれていた。しかしコンブはサシとはいうが、エサシとはいわない。エサシとは頭を浜に出すの意で、岬のことである。コンブの多いところはサシウシ（釧路白糠の刺牛など）とか、オコンシベ（オ・コンプ・ウシ・ペで、川口にコンブの多い川の意である。室蘭本線の駅名では黄金蘂《おこんしべ》と当字をしたが、現在は黄金《こがね》に改めた）

などという。コンブは日本語の訛りで、サシが古来からの言葉であるようだ。

コンブには色々種類があるが、あまり区別していない。トロロコンブはオホーツク海岸でも太平洋岸でもコイセ（ねばねばする）といって、便秘や痔のときに水につけてやわらかにして、肛門にさしたという。

コンブは水にもぐって採ったり、波かぶり岩の上にうちあげられたものを集めたり、また舟で行って、木の枝でつくった鉤でひっかけて採取したが、いずれの場合にもまず浜に祭壇をつくり、神頼みしてから採取にかかった。採ったコンブは舟にあげて乾し、冬の山狩に入るときに持って行った。不足する塩分をコンブについている塩で補ったのである。なお、山に入ると決してコンブとかサシとかいわず、シトカㇷ゚（ブドウ皮）といい、塩《シッポ》も灰《ウナ》、海《アトイ》を湖《ト》などといい、海の魚の名もそれぞれちがう山言葉でいう。山の神々が海のものを嫌うからであるという。

ワカメ

知里辞典によると樺太《サハリン》ではクドネサㇱ（円棒状のコンブ）、クドサㇱ、ドクサㇱなどと呼ぶとあるが、北海道での呼び名が記されていない。私の集録したものも釧路春採のドイラッコロ・コンプと、日高静内のウオコロ、静内農屋《のや》コタンできいたウオコㇺという名称だけである。その他について何の記録するところのないのは、それほど重要な生活必要品ではなかったからであろう。

薬草

スミレ

　春の部落《コタン》の周辺にはシロスミレ、スミレ、タチツボスミレ、フジスミレ、サクラスミレなど無数のスミレが春の歌をうたうが、コタンの子供たちは開拓地の子供のように花の首をひっかけて、相撲取花などといって遊ぶこともなく、ところによってマリウレ・ノンノ（蝶花）と呼ぶだけである。サハリンではタチツボスミレを、意味はわからないがニレッカラキナといって、蔭干しにしたものを婦人病の薬として煎じて飲んだという。また葉を傷口に貼ったり、腫物に液汁を塗ったり、茎葉をつけた水で産後の局所を洗ったと、知里博士の辞典にある。

ミズバショウ

早春の湿地帯に春の女神のハンカチのように開くミズバショウを、北海道では牛《ベコ》の舌などという味けない名で呼んでいる。そういえば芽出しの頃の葉も花も牛の舌に似ているといえばいえるかもしれない。この葉は新鮮でおいしそうだし、穴を出たばかりのクマがこれを食うので、開拓者たちが食べられる草だと思って味噌汁に入れたところが、口の中が腫れ塞がってひどいめにあったという。クマがこれを食べるのは冬眠中の腸の中につまっている脂肪を排出しないと食慾が出ず、したがって乳汁もでないので、腸の中を大掃除するための下剤として食べるのである。これは生まれたばかりのよたよたした仔グマにはもちろん毒草であるから、真似をされては大変である。それでクマの子守歌というのに、「ミズバショウは投げろ」というのがある。もちろんこれは仔グマにきかせるためのものではなく、仔グマが親の真似をしてミズバショウに口をのべて、親グマに叱られているのをみた人間が仲間に知らせるためにつくった歌であろう。

クマ以外には、草食動物のシカですら食べないので、北海道東部ではこの植物のことをイソ・キナ（クマの草）と呼び、北海道西南部や北部、サハリンではパラ・キナ（広い草の意で、葉の広いことをさす）と呼んでいる。

クマが本能的に下剤として用いるということは、それに薬効があるわけで、宮部金吾博士の『樺太

ミズバショウ（女満別）

植物誌』や、関場不二彦博士の『あいぬ医事談』によれば、膿腫にこの草の葉を貼って縛っておくと、吸い出しの薬効があり、足などにできた水泡にもよくきく。また発汗剤にもしたということが報告されている。

フッキソウ

子供の頃、この草につく白くて甘い実をシロメッコと呼んで、学校に通う道傍でこの草の実は私たち野童をたのしませてくれたものである。

ササやエゾフユノハナワラビと同じように、永いきびしい冬の寒さに耐えて緑を失うことなく、春の明るい陽をあびて霜柱のような花をつけ、そしてそのあとに白い宝石のような甘く柔らかい実をつけるこの草を、幼い私たちはある尊敬に近い気持をもって接していた。

コタンの子供たちも私たちと同じように、この天来の甘味をこよなく愛したが、子供たちばかりでなく冬に緑を失わないこの草はシカの大好物なので、冬になるとこの草の群落にシカがむれ集った。サケとともに大事な常食にしていたシカの集る草であったから、この草の群落は食糧の集ってくるよい狩場でもあったわけである。それでこの草のことを一般にユㇰ・トパ・キナ（シカの群れる草）と呼んだが、阿寒地方の美幌や屈斜路では訛って、フットマ・キナとも呼んでいる。

きびしい冬の寒さに耐えるこの草に強力な力のあることを感じとってか、色々の病気に薬草として活用した。風邪をひいたときにはこの草を鍋に入れて煮立て、湯気のたつところにうつぶせになり、衣類を頭からかぶって蒸して発汗させたし、煎汁は便秘や胃の悪いときに、あるいは産婦や婦人病に、また利尿剤としても用いられた。目の悪いときにはやはり煎汁で洗眼したし、性病の温湿布にもした。膿腫のでたときにはこの葉を火にあぶってあて繃帯すると、ミズバショウのように吸い出しの薬効がある。このことからすると、美幌や屈斜路でフットマキナと呼ぶのは、ユㇰトパキナの訛りではなくフプ・オマ・キナで、腫物の草の意かもしれないと思われる。私たちがこよなく愛したシロメッコの汁も、口唇があれたときによく効くものだそうであり、これも万病にきく高貴薬であった。

オシダ

エゾメンマともいうこの植物を、どういうわけかカムイ・ソㇽマ（神のシダ）というところがある。屈斜路コタンの古老は、これを陰干しにしておいて腹痛のときに煎じて飲むとよく効くので、神のシダというのだといっていたが、知里博士の『分類アイヌ語辞典』ではカムイ（神）とはクマのことでクマシダの義であるという。またユㇰ・ソㇽマ（獲物のシダ）ともいうが、このユㇰは普通シカのことであるがクマの場合にも使うので、やはりクマシダであるとされている。しかしなぜそう呼ぶのか、クマとこの草の関係については不明のままである。

クジャクシダ

クジャクが尾羽根をひろげたような美事なこの植物は、都会ではめずらしい山草として鉢植えにして珍重されるが、コタンでは鼻血が出たときに無造作にむしって鼻の穴にねじこみ、クマやシカの跡を夢中で追いかけた。

エドケㇺヌムン（鼻血の草）という名で呼ばれるが、知里辞典によると、この若葉が赤いので出血に効があると信じられ、鼻血のときばかりでなく、喀血にも煎じて飲んだという。子供の頃鼻血を出したとき、コタンの老人が、この草をもんで私の鼻につめてくれたが、妙に青くさい臭いがしたような記憶がある。

十勝足寄ではコトルシ・ムン（斜面にある草）といって、腰痛のときこれを患部にあて、その上から焼石をあてて温めるという。

マイズルソウ

山地木陰の瓦礫地のようなところに群生するこの小さな山草を、キサラペオッと呼んでいる。葉の形が耳（キサル）に似ているからだときかされていたが、知里博士はキサル・ペ・オッとは耳から汁が出るということで、耳だれのことであると教えられた。この草の葉が人間の耳たぶに似ていることも事実であるが、探検家松浦武四郎の『十勝日誌』に、「腫物の吸出しに舞鶴草を唾にて浸し附てよし」とあるように、耳だれにも用いた名のようである。

昔ある女が、雷がなっているのに仕事をしていて、雷の顔に汚ない水をかけた。雷は怒って火と岩を投げおろしたので、そこだけマイズルソウの群落になった、という伝説が沙流川筋に伝わっているが、なぜそうした伝承があるのか明らかではない。

ウスバサイシン

山中の陰地のようなところに自生する草で、ヒメギフチョウの食草である。春に紫黒の花をひらくので、クロユリと同じようにアンラコル（黒い花を持つ）とも呼ばれるが、キサルペオッともいわれ、知里辞典には「キサㇽペオッわ、kisar（耳）-pe（汗）-ot（出る）で〝耳だれ〟のことである。この植物の葉の形が動物の耳に似ているので耳だれの治療に用いられ、それが名になったのであろうか。」とある。村越三千男編の『新植物図鑑』にも「コノ根ヲ乾燥シ薬用ニ供スルコトハ古来有名ナリ。」とある。

ナルコユリ

アマドコロを小さくしたような風鈴状の花をさげるので、ポン・エトロラッキㇷ゚（小さい鈴をさげているもの）と呼んでいる。エトㇽは鈴であるが元来は洟水のことで、むしろ小さい洟水をさげているものとするのが正しいかもしれない。日本では古くは黄精草とも書き、地下茎を薬にしたという。

オオアマドコロ

エトロラッキㇷ゚という。エトㇽは洟水のことをいうが鈴のこともそういう。鈴と洟水が似ているからであろう。バチェラー辞典によれば、エトロラッキㇷ゚は「洟汁ヲ垂ラス」ことであり、アマドコロはエトルラッキノンノ（洟水花）であるとある。

この草の根は身体の痩せたものが元気をつけるために、炉の熱炭で焼いたり、煮て食べたりした。

知里博士によればサハリンではクマ送りの前に、仔グマが痩せていると、この根を掘ってきて食べさせたというし、十勝足寄では痔が痛むときにも根を座薬として用いたという。

　鈴なりになっている実も黒くなると胃腸によいといって胃腸の悪い人によく食べさせたという。

ウド

　部落《コタン》ではセリやミツバは食べなかったので名前すらなかったが、ウドは生でも食べたし、茹でて皮をとり、魚といっしょに煮て食べたりした。アイヌ名ではチマ・キナと呼んでいる。チマとは腫物のかさぶたのことで、かさぶた草ということであるが、むしろガンベ（湿疹）草という意味のようである。頭に瘡ができたときにこの根を煎じた汁で洗うとよく効くというからである。瘡ばかりでなく腫物をこれで洗うとかさぶたがつかずに癒るといい、傷をうけたときにもこれで傷口を洗うと化膿しなかったので、釧路地方ではクマに傷をおわされたとき、この根を輪切りにして傷口にあてたり、煎汁で洗ったりしたという。

　サハリンでは三十センチほど伸びた食用になるのをセワㇵといい、伸びて大きくなったのをオパッタラと呼ぶというが、意味ははっきりしない。

サイハイラン

春の若草がまだ伸びきらない頃、広葉樹林の中に冬を越した一枚葉のランをよく発見する。子供の頃アイヌの古老に教えられ、その塊根を掘って来て炉火で焼いて食べた記憶がある。かすかな甘味があったようであるが、ガムを噛むように歯にくっついてどうにもならなかった。

アイヌ名はイマㇰコドㇰとかニマㇰコドㇰといい、いずれも歯にくっつくという意味である。探検家松浦武四郎の『知床日誌』には、これを漆器や磁器が欠けたときの接着剤にしたとある。

私が屈斜路部落《コタン》にいたとき、ひびやあかぎれのとき、この塊根を練ってはりつけるとよいときかされた。またサハリンでは腹痛のときに臍にはったともいう。

イケマ

イケマという名は元来アイヌ語のイ・ケマである。これは「それの脚」という意味で、それとは神を虞れ敬う代名詞であるから神の脚ということになる。神の脚と呼ぶのはこの植物が人間を狙う魔物を逐う神の力をもっているからである。それはたんなる迷信などというものではなく、実際に漢法薬としても、牛皮消とか白兎藿といって用いられた。そうした除魔力を持っているので、この植物は世界のはじめに天上からこの地上におろされたものであるとされ、ムン・シンリッ（草の根元）とか、シンリッ・カムイ（草の根元の神）、あるいはペヌプ・カムイ（水気をもった神）などと雅語で呼ぶ場合もある。

この蔓性の植物にはゴボウのような根があり、この根に神の脚というほどの猛毒がある。そこでこれを掘って乾しておき、育ちざかりの子供の着物の襟に縫い込んだり、輪切りにし首飾り《レクドンペ》をつくって首にかけたりした。老婆たちの鉢巻や腰巻の紐にも縫付けたし、男でも他の土地に旅をするときとか、怒っている人のところに行くときには、着物の襟に縫込んだり、懐に入れて行ったりした。また家の入口や窓の上の屋根に差込んでおいたり、噛んで入口に向って吹きかけ、病魔の入ってくるのを防いだりした。

海に漁に出かけて時化にあったとか、濃霧にまかれて方向を失ったとき、あるいは海馬《トド》やカジキマグロの大きいのを銛で突いて、あばれられたときなどにも、この神の脚を噛んでふきつけると、たちまちのうちに、人間を窮地に陥れている魔物たちの魔力を弱めることができると信じられていた。それで海漁に出るときには、必ず銛と一緒に持って行くものであった。

秋になってサケ漁がはじまるというのに東風ばかり吹いて海が荒れ、川にサケが入らないとき、太平洋岸では「東風逐い」という儀式を行なったが、そのとき、東風を追い払う刀はヨモギを刀身にし、イケマの輪切りにしたものを鍔にしてつくった。これを振りかざして東風の魔に立ち向うのである。

このように魔物を逐う力があると信じられ、色々呪術的に利用されたのは、この根に猛毒があって

イケマ

しばしばこのために中毒を起した経験から生れたものであろう。イケマは春芽出しの前に掘り、これを炉の熱灰に入れて焼いて食べるが、よく完熟したものはほろほろとしておいしい。しかし未熟のものは焼いてから押しつぶしてみると水気があり、こんなのを食べすぎると中毒を起す。中毒を起した患者は眠らせてはいけないといわれ、泡を吹いて倒れた患者を抓ったり叩いたり、頭の毛をむしったり、時には人糞を口に入れて吐かせるという荒療治をする。また両方から患者の腕をとって立たせ、

ペヌプ　タンプ　（イケマの栓よ）
ヘェ　タンプ　（おおその栓よ）
ヘェ　マウェ　（吐く息とともに）
ヘェ　ハシ　（すぱんと抜けれ）
（知里真志保訳）

とうたいながら踊らせたりもした。日高のある

地方ではハンノキを削って神の幣をつくり、その皮を煎じて飲ませ、

「ハンノキの女神、あなたのもつ偉大な薬の力で、イケマ婆神の力をおさえて下さい」

と祈った。また胆振のある地方では、

「お前は人間が困ったときに、それを助けるために天上からおろされたので、人間を殺すためにおろされたのではない。それなのに、なぜ殺す気になったのだ、天の神にお前の間違いを知らせるぞ」

といって抗議したりもした。なお、イケマの呪術的な力を物語る伝承に次のようなものもある。

昔、イヌは人間と同じように喋ることができたが、人間の始祖が天上からアワとヒエをこっそり地上にもたらしたのを、イヌがやかましく吠えたてて談判したので、始祖が怒ってイケマで口を叩いたら、それきりイヌは喋れなくなった。

以上のように色々と話題の多いこの草は、近年まで古老たちに大切にされていた。阿寒のある病弱の老婆は「ペヌㇷ゚（イケマ）のお婆さん、私に元気をさずけて下さい」といってこの草で身体をこすり、寝床の下にも入れているということだった。ところが一方では好きでもない男と同衾させられるとき、秘かに男の床の下にこれを入れておくと、男はオライ（男根が死ぬ）してしまうといい、嫌いな亭主の褌をこれをつけた水で洗うと、それきり役にたたなくなるともいわれている。さらにこれで男根を叩かれでもしたら生涯ものの役にたたないともいい、子供がイケマを食べるときには「チンポをいじるな」と注意したという。そんなことからヒントを得て、この植物の根に避妊の効果があるこ

とが発見されたという記事をよんだことがある。

オオバセンキュウ

モシウキナ（小さいエゾニュウ）とか、ヤカㇽキナ（?）というところもあるが、パウチ・キナと呼ぶところもある。パウチとは淫魔のことで、西南部では人間の男性を誘惑して狂わせるものとされているが、ある地方では工芸に巧みな女神で、層雲峡はこの女神の砦であるとも伝えられている。パウチ・キナと呼ぶのは後者の地方であって、気分の悪いときこの草の根を煎じてお湯やお粥に入れて飲むと気分がよくなるというから、淫魔《パウチ》がおそれ嫌う草、パウチに魅入られたときの草という意味であろう。日頃この草の根を掘って乾しておき、気分の悪いときに削って用いたという。

ハンゴンソウ

釧路地方に「ナナツバ咲いてマスとって、アキアジとって雪降って」、アイヌの一年が終るなどという戯歌がある。この歌は和人《シャモ》の意地悪い創作であると思うが、林の中で灌木よりも草丈の高いこの植物の頂に黄色い花が咲きだすのを、部落《コタン》の人たちが春のフクジュソウの花の咲き出すのを待つと同じように、首を長くして待っていたことは事実である。この花が咲くと部落《コタン》はマスの臭いでいっぱい

ハンゴンソウ

になり、そろそろサケもくるころである。

　高さが二メートルにも伸びる菊科のこの植物は、ハンゴンソウなどと改まった呼び方よりも、一般にはナナツバの名で親しまれている。葉の先が五裂もしくは七裂にさけているからである。

　アイヌ語では地方によって色々と呼び名があり、ヒシの採れる地方ではペカンペ・クッとか、ペカンペ・クッタル、あるいはイウク・クッタルなどという。ペカンペは水の上のものの意でヒシのことであり、イウクもヒシを採ることの意である。この草が林の中に灯をともしたように花開くのは、沼ではヒシが稔ったことを知らせる信号なのである。クッとかクッタルとは筒状をした内が空洞な茎のことをいう。

　また地方によってはイオンガ・クッとか、

イオンガ・クッタㇽ、またはオルムン（その中に入る草）などともいう。イオンガとは「それを醱酵させる」という意味で、それとはウバユリのことである。ウバユリの鱗茎を掘って潰したどろどろした中にこの草を入れておくと、ねばりがなくなって処理しやすくなるし、ウバユリの粕をこの草を敷いた上に置くと醱酵して味がよくなるからである。

知里辞典によればサハリンでは、ウライネキナ（簗杭の草）というそうである。この花が咲くとマスやサケをとる簗をつくるからであるかもしれない。

そうした生活暦ばかりではなく、サハリンではこの葉を焼いた灰を湿疹につけたり、茎葉を黒焼きにして犬の油で練り、白癬の塗り薬にしたという。また根を煎じてうがい薬にもしたというし、濃く煎じた液で性病や婦人病、神経痛などの患部を洗ったという。北海道でも関場不二彦博士の『あいぬ医事談』によれば、七裂になった葉を乾かして、それで梅毒の潰瘍を洗い、そのあとにカラフトキハダ（しころ）の樹皮の粉末をつけたという。また胎毒の吹出物もこの煎汁で洗ったと知里辞典にある。

ノダイオオ

北海道ではなぜかンマダイシなどと呼んでいるところがある。ノダイオオの訛りかもしれない。湿地に生える蓼科の植物である。北海道の東部ではマカロと呼び、日高や胆振ではスナパといっている。いずれも意味がはっきりしないが、ノダイオオだけではなしに、ギシギシの仲間全部をそう呼んでいる。昔の生活では一々植物をこまかく分類する必要がなかったからであろう。スイバやヒメスイバも、若い茎の酸っぱいものは、どれもスナパであり、マカロであった。

子供の頃開拓地で漢法医の真似事をする隣人が、ダイオオは何かの薬だといっていたが、植物図鑑によれば「古来薬用植物トシテ有名ナリ。又本植物ノ生根ヲ摺リ之レヲ酢ト醤油トヲ混ジタルモノハなまず及ビ白癬ニ塗布シテ偉効アリト」（村越三千男編『新植物図鑑』）とある。アイヌの人たちも同じように根を摺り潰して白癬や疥癬に塗ったというし、その実はウラジロイタドリの実と同じように、飯に炊き込んで食べたので、この実のことをスナパ・アマムとかスナパ・アママと呼んだという。

ノブキ

オイナ・マッまたはオイナ・マッ・キナというと知里辞典にある。オイナは神謡の一種で神憑ることであり、オイナ・マッは巫女のことで、巫女の草という意味であるという。漆にかぶれたときにはこの葉を炙って貼ったというし、腫物や傷にも貼ったという。また葉を乾して煙草のように吸ったともいう。名前からすると巫女が神憑るときに吸ったのかもしれない。

ツルニンジン

アイヌ名ではチルムㇰとかトペムㇰという。ムㇰとはバアソブのことで、チルは日本語の蔓の訛りのようである。トペは乳汁のことであるから、チルムㇰもトペムㇰも乳汁の出るバアソブの意である。この植物の蔓は切ると乳汁のような液がでるので、母乳の不足な女性は、晩夏の原野や疎林の下草にからまり咲く釣鐘状の花を探し、その根を掘って生で食べたり煮て食べたりした。また乳房をこの煎汁で冷やすと乳がでるようになるという。

中国でもこれを羊乳といっているところからすれば、漢法薬にも用いたのかもしれない。

ヤマシャクヤク

胆振幌別では「ヤマシャクヤクの群生地を発見した人は長者になる」といって、幣場《ぬさば》のあたりに植えておく人があるそうである。それはこの草がめったに群生していないことと、色々な病気に薬草として利用されたことによるのかもしれない。

アイヌ語ではホラプ、もしくはオラプといっているが、その意味は明らかでない。千歳ではハアプともいっている。なおこの地方では、この草の根をキナ・シンリッ（草の根元）とも呼んで、夢見の悪いとき、浄めのために、嚙んで家の中に吹散した。また十勝の浦幌という地名は、オラプ・ポロ（ヤマシャクヤクが多い）からきたものであるともいわれている。

この草の根は風邪や腹痛の薬として、生で食べたり、煎じて飲んだりした。関節の痛みや打撲には、粉にしたものを練って貼りつけた。これは火傷にもよく効いたし、痔のときには煎汁で洗うとよいという。種子を砕いてひたした液は目薬になったし、耳の悪いときはこの種子の粉末を煙草に混ぜて吸い、その煙を耳の穴に吹き込んだという。このように、ヤマシャクヤクは万病の薬であったが、根は食用にも掘られたという。

ゲンノショウコ

北海道の東部ではキンラ・プンカㇽ（気狂いの蔓）と呼んでいる。人間を気狂いにするキンラ・カムイを追っぱらう草の意であるらしいが、これを手草《たくさ》にして狂人を祓ったという話はきかない。腹痛や下痢の薬として飲んでいるから、下痢もキンラの仕業と考えていたのかもしれない。

エゾミソハギ

エント、またはエント・ムンといい、この実の粒をエント・ヌㇺ（エントの粒）といっている。神謡の中に、日の神をさらって岩の箱にとじ込める、巌の鎧を着た小山のような大魔神は、片方の目が満月のように輝いているのに、もう一方はエント・ヌㇺのように小さい目をしているという表現がある。日本で「ゴマ粒ほどの」というのと同じような比喩である。

北海道では盆花といって、お盆参りに墓にもって行く（ヤナギランも盆花というところがある）。アイヌの人たちは打身のときに、この草の茎や葉を石であたため、患部にあてて温湿布とした。

エゾレンリソウ

釧路山中ではカラスの弁当（パシクル・ハル）と呼んでいる。カラスがこの実を食うかどうか見たことはないが、カラスノエンドウと同じように、人間が食べられない豆であるところから名付けられたものかと思う。サハリンでは釧路のクサフジと同じようにウォホ・キナ（からみあう草）と呼んでいる。腎臓や子宮病にサハリンでは煎じて飲んだという。

カラマツソウ

なぜかこの根をアリッコ、あるいはアリッコ・クッタルと呼び、またニテタイ・ムン（？）とも呼んでいる。この葉と根とは叩いて腫物や傷、打身などにつけ、また腹痛のときには煎じて飲んだり食べたりもした。また蛆除けに細かく刻んで便所に入れたりもした。

アキカラマツも同じようにアリッコと呼ぶところがあるが、センダイハギと同じイランライケ・キナ（それの心を殺す草）といって、イケマの根と同じように、怒っている人のところへ行くときに持って行ったらしいという。

オオバコ

たいていのところではこの草をエㇽㇺ・キナ（ネズミ草）と呼んでいるが、エㇽㇺ・サㇽ（ネズミの尻尾）と呼ぶところもある。おそらくこの草の花梗に名付けたものだろうと思う。ウコカㇷ゚・ドイエㇷ゚（互いに皮を切るもの）ともいうが、これは子供たちが花梗を抜いてそれをひっかけ合い、ひっぱり合って切れた方が負けという遊びをしたからである。相手に切られないように花梗をつぶして砂まぶしにするなど、知恵を働かせて、補強工作をしたものである。

旭川の古老の案内で石狩川の支流美瑛川筋に、石積遺跡らしいものを探しにいったとき、案内の古老がしきりにオオバコの葉をとって火に焙り、前額に張って鉢巻きをしていた。どうしたのかときくと、頭が痛いからだと答えた。この草には身体の痛みをやわらげたり、腫物の膿を吸い出す効果があるのだという。なお千歳では血止めにも用いたという。

ミチヤナギ

人に踏まれた道のほとりに自生しているこの草を、コタンでもルチャウㇱムン（路傍に多い草）と呼ぶが、知里辞典によれば樺太《サハリン》ではポンチカハポニ（小さな小鳥の木）と呼び、打身にこの茎葉を当てて湿布にしたという。

ツリフネソウ

キツリフネと同じホウセンカの仲間である。キツリフネの花は黄色だが、こちらは赤紫色の花がさがるので、ムラサキツリフネなどとも呼ばれている。

アイヌ語ではオクィマ・キナ（小便する草）と呼んでいる。この草自身にも水分が多いが、利尿剤としてこの草を煎じて飲んだからである。

ハコベ

リテン・キナと呼ぶところが多い。やわらかい草という意味なので、ハコベの水々しい感じを表現したものかと思っていたが、知里博士の説によると、「やわらかくなる」というのは、腫物などが治癒することをいうのであるという。胆振地方ではイハレ・ムン（腫物をひかせる草）といい、日高でもイマ・キナ（腫物を温める〈温湿布する〉草）といっている。十勝足寄ではウコンケプテプといったというが、意味不明である。

虫に刺されて腫れたところにもんでつけたり、打身や骨の痛みには熱湯にひたして罨法に用いた。千歳では乾しておき、母乳の足りないときに煎じて飲んだ。

クサノオオ

茎をちぎると黄色い液を出すこの草を、オトンプイ・キナとか、オトイプン・キナと呼んでいる。オ・トンプイとかオ・トイプンとは肛門のことで、肛門草という意味である。ちぎると黄色い液汁が出るので肛門草といったものが、肛門の病気に効くから肛門草というのだと感ちがいしたらしいともいわれている。いずれにしても痔の悪いときとか便秘のときにはこれを煎じて、飲んだり、患部を洗ったり、肛門にさし込んだりした。本当に効くものかどうかはわからない。

キジカクシ

野生のアスパラガスのような百合科の植物を、形が似ているというのでヌㇷ゚・スンク（野原のエゾマツ）と呼んだり、流行病がはやると渡り鳥のもってくる病魔を追い払うのに、この地下茎の汁を塗ったりするのでか、チカㇷ゚・ムㇰ（鳥のバアソブ）と呼ぶところもある。腰の痛いときにこれを湿布にしたので、イッケウ・カㇽ・ムン（腰を治す草）ともいう。ライカムイ・キナ（死神の草）などというところもある。死神である幽霊の嫌いな草なので、幽霊の出そうなときこれをたてて魔除けにしたという。また日高の沙流谷ではメナシ・キナ（東風の草）といったという。意味ははっきりしないが、いずれこの草の地下茎の薬効による、除魔力によるものであろう。

ノコギリソウ

知里辞典によれば十勝ではレタン・ノヤ（retar〈白い〉noya〈もみ草〉）というが、胆振幌別ではレタンノヤというと白ヨモギのことであり、いずれも白い（時には淡紅色の）花が咲くからであろうという。また日高静内ではエレレプ（イリリプで、ちくちく刺すものの意）と呼んだという。コモギのように葉をもんで傷口の血止めにしたらしいが、それほど重要な草ではなかったようである。

トリカブト

エン　ルム　カタ（尖った鏃に乗って）
オマン　カムイ（行く神が）
エペンタ　ウェ（山奥に向う）

十勝の伏古部落《コタン》で祭のときにうたわれた歌であるが、尖った鏃に乗って山奥に向う神とは、トリカブトの根からとった矢毒の神《スルク・カムイ》のことである。この神とイヌとは家の中の火の神にいいつかって、人間のために山の神であるクマを迎えに行き、クマの神に媚態をみせてまつわりつき、火の神のところにさそい込むのであるといわれている。

日高静内に伝承されている神謡に、「ハント　ワッカ　ハント」という繰返しでうたわれる、トリカブトの姉妹の物語りがある。

「さわるものははねとばし」「さわるものはねじ伏せる」とうたい踊りながら、私たちは毎日風に吹かれて、川上や川下になびいていた。するとある日、川下から人間の声がしてきた。「どこの人が来たのだろう、私たちを掘りに来たのだろうか」と思い、川上になびき、川下になびいて「さわるものはねじり伏せ」「さわるものははねとばす」とうたっていると、人間どもは私たちのそばにやって来て、

「こいつらは役にたちそうもない。もっと山奥へ行って探そうではないか」

といって山奥へ行ってしまった。私たちはくやし泣きに泣き沈みながらも、あいかわらず毎日風に吹かれ、膝を叩いて拍子をとりながら、いろいろな歌をうたいつづけていた。ある日また人ののぼってくる話声が聞えてきた。私と妹がまた「さわるものははねとばし」「さわるものはねじ伏せる」と膝を叩いて拍子をとりながらうたっていると、やって来たのは二人連れの男であった。男の一人は頭にかぶっていたものをとり、

「あれあそこに、尊い神様がいられるよ、さァお前もかぶりものをとって、こっちへ来なさい」

と後に従う者にいって、私たちの傍まで来た。見ると、サマユンクルを従えたオキクルミであった。二人の貴人はどっかりと土の上に坐って、手をすり合せて礼拝し、

「この尊い神様に頼んで持ち帰ったら、私たちくらい猟のできるものはなくなるだろう。さわるものははねとばし、さわるものはねじふせる神様よ、どうぞ私たちといっしょに来てください、そうすると火の神も祭壇の神も大喜びで、あなた方を歓迎するでしょう」

といって、私たちを掘りとって村に帰った。村に着くと祭壇の神や火の神が丁寧に私たちを迎えてくれた。それ以後オキクルミとサマユンクルは、私たちの力で沢山の猟をするようになり、みんなに自慢できるようになった。

とトリカブトの神が物語った。

この「さわるものははねとばし」、「さわるものはねじふせる」トリカブトとは、三十余種類ものトリカブトの仲間のうちの、オクブシというものとテリハブシであるらしいことは、おおよそ見当がつく。しかしどちらが獲物をはねとばすケレㇷ゚ドルセ（触れるものをはねとばす）で、どっちがねじふせるケレㇷ゚・ノイェ（触れるものにからみつく）であるか明らかではない。またこの姉妹であるという猛毒をもってクマをねじふせるトリカブトの薬効を、人々がどうして知ったか詳かではない。この神謡の中の発見者オキクルミとサマユンクルとは、アイヌに生活文化を教えた人間の始祖で、前者は西南部、後者は東北部で人間文化をひらいたと伝えられ、それが和人の進出後は義経と弁慶に変身し、義経渡海伝説にまで発展した。

オクブシ（銭函）

一般にトリカブトの根はスルクといわれ、毒という意味にも使われている。猛毒のオクブシやテリハブシ以外の、あまり毒の強くないものはヤヤイ・スルク（普通のブシ）とか、セタ・スルク（イヌのブシ）という名で呼ばれている。毒が強いか弱いかを簡単に知るには、掘りとった根を折ってみるとよい。最初白い折口が次第に赤味を増し、さらに紫から黒くなるのは毒性の強いもので、赤くなるだけで終るのはセタ・スルクであるから、そんなものは掘って来ない。

これを掘るのは秋にあたりの草が枯れてしまってからと、春の芽出しの前である。掘りとった根はクサソテツの枯れた茎葉に包んで炉の上にさげて乾かし、さらに山狩に出かける前に、一晩くらい炉の灰の中に埋めて柔らかくする。これを、スルクタ・シュマ（毒を潰す石）の上で唾をかけながら丹念に潰し、黒砂糖のようにねばりのでたものをキツネの毛皮やハクチョウの羽皮に包んで、凍らないようにして持って歩く。これを毒矢を使う前夜に鏃のへこみに塗り込み、松脂で固定させる。

毒を塗り込むときには効き目がおそいが毒性の強いものを下に、毒性が弱いが効き目の早いものを表面に塗る。効き目が早いか遅いかをためすには、メクラグモの口に塗ってみる。すると効き目の早いものなら、たちまちクモの脚がバラバラとおちてしまう。また自分の手の親指の根元に血のにじまない程度の傷をつけて、そこに微量の毒を塗ってみると、効き目の早いものであれば煙草一服吸わないうちに指がしびれてしまう。またスルク・サプケ（毒をためす）といって、毒の少量をササの葉の上にのせ、それを舌の上にのせて小石を数えるという方法もある。いくつ数えたとき舌が熱くなり、いくつのとき舌が動かなくなったか、またいくつ目で感覚が戻るかなどをためしたのである。このとき家族の者は全部家の外に出し、子供が騒いでびっくりして毒を呑み込んだりしないように注意した。

　この毒を塗った矢にあたると、筋肉にささらなくとも、僅か皮が破れた程度でも数分もたたずに運動神経が麻痺して動けなくなる。毒の弱い場合にはトリカブトの中に松藻虫《ウオルンペ》、アシタカグモなどの毒虫や天南星《ラウラウ》、イルカの脂、ハチの針、ドクゼリなどを混ぜると毒が強くなるが、これらを混ぜると獲物の肉が腐り易いという。

　この毒で斃れた獲物の毒は、死後に傷口のところに集るので、その部分だけを切りとってㇲㇽク・カムイ（毒の神）にお礼として差上げる。

　小樽と札幌の中間にある銭函のトリカブトは、昔から北海道中に知られた猛毒のものであるが、銭函だけでなく各地にシュルクタウシ（トリカブトをいつも掘る）とか、シュルコマペッ（トリカブトの中にある川）、シュルクタウシナイ（トリカブトをいつも掘る沢）などという地名がある。これらは毒性の強いトリカブトのあったところで、阿寒湖畔の尻駒別もㇲㇽクオマペッに漢字を当てたものである。これらの地は偉いㇲㇽク・カムイのいる聖地として大事にされ、人々は木幣をつくってあげ、礼拝することをおこたらなかった。

エゾテンナンショウ

初夏の緑の叢の中で咲く緑色の花は、誰にもあまり気付かれないが、秋になってあたりの草木がすっかり落葉し、叢も枯れ伏してしまうと松明の炎のように真赤に結実して人目をひくようになる。いつ誰がどこで試みたのか、転げまわるほどの腹痛のときこの実を二、三粒呑むとけろりとなおるというが、嚙んだりすると口の粘膜がただれて膨れあがるともいう。

アイヌ語でラウラウというのは、本来は鱗という意味のラムラムかもしれないという。それは茎の紫褐色の斑紋がヘビの鱗に似ていることからきた名称のようである。本州の民間和名でヘビの松明などと呼んでいるのも、やはり同じ発想にちがいない。

蒟蒻玉のような球根はクマが好んで掘って食べるという。それに見習ったものか、赤い松明を目当に掘り採って、来年芽を出す中央の部分を小刀で刳りとり、炉の熱炭の中にいれて焼いて食べた。サハリンでは御飯に入れて炊いたり、油をいれてつぶして食べたりもしたという。とてもおいしいものだというが私はまだ食べたことがない。新芽の出るところを刳りとって捨てるのは毒があるからである。この有毒部分には神経を麻痺させる効果があるので、トリカブトに混ぜると矢毒の効力を助けたし、駆虫剤としても有効であった。また神経痛や子宮病にも効くし、神経症で高い熱の出たときに、足裏の土ふまずに小量を貼るとよいともいわれ、千歳では打身のときに、これを擂るか叩いて潰して貼るとよいといわれている。そのためか名寄ではカムイ・ドレプ（神のウバユリ）とも呼んでいる。

もしこの毒にあたったときには、ヤマブドウの汁を下毒剤に飲めばよいという。これには次のような昔話がある。

昔テンナンショウとヤマブドウとが喧嘩をしたとき、ヤマブドウの方がテンナンショウを切って勝ち、威張って木の上にのぼったが、負けたテンナンショウは恥ずかしくて土の中にもぐってしまった。それでよく成長したテンナンショウにはヤマブドウに切られた刀の創跡があり、そんなのは食べてはいけない。

この説話の根源は何を意味するか明らかではないが、この二つの植物は同じ環境に成育するものであり、知里博士の資料の中には、山からブドウとテンナンショウをとってくるとき、同じ入れ物に入れるものではないとある。

ドクゼリ

テンナンショウと一緒に毒の弱いトリカブトに助勢するドクゼリは、北海道の開拓当時には放牧牛が食べて中毒をおこしたりしたものであるが、コタンの人たちは矢毒に混ぜた他に、この球根を焼いて腰の痛みに貼ったりした。サハリンでは子供の守袋に入れて、病魔除けにしたという。

北海道ではトカオマプ（沼の上にあるもの）といい、サハリンでは同じ意味でトコマハといったり、トコマトマ（沼の上にある塊根）ともいう。

ショウブ

昔怪我をしたキツネやウサギがこの草の根で傷を癒したので、それを見て人間も薬にしたという伝承が千歳にある。

アイヌ名をスルク・クスリといって、トリカブトの毒にやられたとき、この煎汁を解毒剤にしたともいう。スルクとはトリカブトまたは毒のことで、クスリは日本語の薬のことである。

名寄ではパウチ・キナとも呼んだという。パウチとは北海道では一般に淫乱の神のことであるが、知里博士によればサハリンの古謡の中では神憑る巫女のことであり、この方がこの言葉の意味としては古いかもしれないとのことである。だとすれば本来は巫女の草、つまり魔除けの草の意であったのかもしれない。

ヨモギ

ヨモギの仲間はすべてノヤと呼ぶ。現在日高静内に農屋《のや》という部落《コタン》があるが、ここは昔ノヤサラ・コタン（ヨモギ原の部落）と呼んだところである。しかしただノヤと呼ぶのは普通路傍にあるエゾヨモギのことで、ノヤとは元来もみ草ということであるという。

エゾヨモギだけでもヤヤン・ノヤ（普通のヨモギ）、スプン・ノヤ（霊力あるヨモギ）、マッネ・ノヤ（女ヨモギ）など色々な呼び名があり、またカムイ・ノヤ（神ヨモギ）と呼ぶものはイワコモギ、サマニヨモギ、オトコヨモギ（ピンネノヤ〈男ヨモギ〉ともいう）、ホソバイワヨモギ、シロヨモギ（レタラ・ノヤ〈白ヨモギ〉ともいう）など無数にある。この他にカワラヨモギをペタㇽカウン・ノヤ（川原にあるヨモギ）、ヤマヨモギをキムン・ノヤ（山にあるヨモギ）などと呼び、ヨモギと名のつかないノコギリソウまでレタン・ノヤ（白いヨモギの意、白い花が咲くからか）と呼んでいる。カワラハハコもシルㇱ・ノヤ（岸に群生するヨモギ）と呼んで、この葉を煙草にして吸ったという。

日高平取の沙流川の向いにある山は、昔からヨモギ神の鎮座する山として聖地にしている。この山のヨモギ神は、昔流行病がはやったとき、病魔を迎え闘って、ついに部落に病魔を寄せつけなかったと伝えられている。このヨモギ神は天地がつくられたとき、東の方に、火をつくり火を守る神であるハルニレと一緒に、人間のために天上からおろされたのであるという。

こうした伝承や信仰が生れたのは、この草にさまざまの薬効があるからである。若芽は煮つめると飴のようになって、咳止めになったり虫くだしをする力を持ち、もんだ葉は傷口につけると血止めや消毒にもなり、絞り汁は虫歯の痛むときの鎮痛薬にもなった。ヨモギ類の多くにカムイ・ノヤ（神のヨモギ）という名がついているのも、この草の薬効によるものであり、それが次第に信仰になり呪術にも結びついたのである。夫婦の一方が死ぬと、残った者はヨモギを束ねた手草で身体を祓い浄め、病魔を追い払う。夢見の悪いときには自分で自分の身体を祓い、癲癇をおこした子供は着物を切り裂いて、ヨモギで身体を祓ってから新しい着物を着せた。重病人がでたときにはヨモギ人形をつくって、それに病人の着物を着せて外に捨てた。流行病のはやるときには村境や追分けにヨモギ人形をたてるとか、家の入口に、棘の生えたタランボの枝と一緒にヨモギを立てるとかした。これらはみなヨモギ

左／ヨモギでつくった魔除神

下／ヨモギを振って魔物を逐う

のもつ医薬的効果に対する信仰の姿とみるべきであろう。

キアゲハ蝶の幼虫の青虫を見つけると、ヨモギの鞭をつくって六回叩く。ヘビを殺したときには頭にヨモギを突き刺して、生き返らないようにする。また日蝕のとき日の神に襲いかかる魔物をヨモギで追い払うのも、家を新築したときに屋根裏にひそむ魔物を追い出すのにヨモギの矢を使うのも、雷のひどいとき炉にこの草をくべて雷を静めるのも、いずれもこの草の霊力を信ずるところから生れた呪術であろう。

この世のはじめに一匹の大ウサギがいて、人間の仕掛けた金の仕掛弓を後脚で蹴飛ばしてこわし、せせら笑っていた。そこで、人間に生活文化を教えた文化神が、ヨモギで小さな弓と矢をつくって仕掛けたところ、ウサギは「何だこったらもの、金の弓矢でも一たまりもなかったのに……」と鼻先ではじき飛ばそうとした。すると、頭のてっぺんから足の爪先までカバ皮に火がついたように痛みが走り、それきり意識を失ってしまったという神謡がある。これもこの草の薬効についての知識がなくては容易に理解できないものであるし、国造神が寄りクジラをヨモギの串に刺して焼いていたら、串の根元に火がついて倒れたので、ビックリして尻もちをついたなどという伝承も、偉大な力をもつこの草を信ずる人でなくては、やはり理解できないであろう。

生活に重要な関係のある草が生えていたところは、地名として残っている場合が多いが、ヨモギも例外ではない。有珠海岸のノヤ、夕張のノヤ・サルシ（ヨモギ原）、雨龍川筋のノヤ・タプ（ヨモギの多い川の曲りめ）、勇払川筋のノヤサロ・ペッ（ヨモギ原の川）、十勝利別川筋のヌプンノヤウシ（エゾヨモギ原）などきりがないほどである。

エゾオグルマ

北海道にはあまり見かけない草である。知里辞典によると樺太《サハリン》の白主ではコイカラキナ、白浦ではポリヤキナ、真岡でプラキナと呼ぶとあり、樺太では「葉をよくもんで傷につける。茎から小刀で外皮をかきとり、そのかきくずを傷につけたり、腫物の罨法に用いたりする。茎葉を煎じ、その煎汁で淋病、神経痛、関節炎等の患部を洗う」とある。北海道では松浦武四郎の『廻浦日誌』に、北見猿沸海岸での記事として「ハナクサ夷言ボラヤキナ、花黄色にして五六茎を上、本邦不見もの也。之を人好て是を食ふ」とあるだけである。

ダイコンソウ

ヤブジラミと一緒になってイヌや人間にしがみつくこの痩果を、セタ・ライタ（イヌのいが）とか、シタ・イパコ・カリㇷ゚（イヌの頭にからみつくもの）と呼んでいる。イヌだけでなく人間の頭にもうるさくからみつく厄介者であるが、この根は下痢止めに煎じて飲んだし、サハリンでは若いときに陰乾しにしておき、風呂に入れて神経痛を癒したという。

魔除けと呪術用の草

クサソテツ

早春の疎林の中にむくむくと頭をもちあげるクサソテツを、北海道ではコゴミといって春の山草に数えている。コタンではソㇽマ、またはソロマと呼び、秋になって伸びる胞子葉のことはアイラㇷ゚キナ（矢羽の草）と呼んで食用にした。

ところでクサソテツだけではなしに、ゼンマイやヤマドリゼンマイのこともソㇽマとかソロマという。この植物仲間はあまり生活上に重要な関係のないものだったからかもしれない。

釧路地方に伝承されている踊り歌に、

イヨチ　ソㇽマ　（余市の羊歯）
イヨ　ルッサㇺ　（いっぱい道傍の）
コテ　ソㇽマ　（結びつける羊歯）

というのがある。この歌は流行病のはやるときに、病魔除けにうたわれたといわれているが、特別に余市のシダが病魔除けに魔力をもっているというわけのものではなく、余市の語源であるイ・オチ（ヘビの多いところ）のシダの意味であるかもしれない。また「結びつける羊歯」とは、草の茂った小道で両側の草を寄せて結び、通る者の足をすくう仕掛けをして魔除けにしたことをいったもののようである。

バイケイソウ

北海道の南の方ではシクプシクプとか、シクプ・キナというそうである。シクプとは『おがれ』（伸びろ）ということで、この草は春に筍のような芽を出すと、ぐんぐんと伸びて一メートル以上にも達するので、成長の悪い子供があるとこの草を採ってきて、

シクプ　（のびろ）
シクプ　（のびろ）

といって子供の尻を叩いたという。

北海道の中央部ではホシキ・ティネ（最初に〈腐って〉べちゃべちゃになる）と呼んでいる。成長が早いかわり、どの草よりも早く枯れて表皮がぐちゃぐちゃになるからである。屈斜路湖畔で最初に私にこの草について説明してくれた古老は、

「ノシキ・ティネというんだ。どの草よりも早くべとべとにくさってしまう。シカを追って行くとよくこの草が倒れてずるずるしてるのを踏みつけて、すべってひっくり返り、まごまごしているうちにシカを逃して腹たてたもんだ。ほんとにふんつぶれ野郎よ」

といまいましそうに語ってくれたものであった。ノシキ・ティネとは真中がぐちゃぐちゃしているということである。日高沙流谷で聴いた話では、男性が性不能になったときこの草を女性の股のところにさげて神に祈り、そのあとで男性に穴をあけさせるとまた元気がでるということであった。

センダイハギ

北東部の初夏の海浜砂丘を黄色く飾る荳科のこの花は、北海道ではその名が採集されていないが、サハリンでは知里博士の採取したものにライケウ・キナ（死骸草）、エランライケ・キナ（お前の心を殺す草）、イランライ・キナ（われわれの心を殺す草）という、いずれも物騒な名がある。サハリンでは気の狂った者の身体をこの草を束ねた手草で祓いながら、

エ・ラㇺ　（お前の心）

アン・ライケ（殺したぞ）

と唱えたという。すると狂人に憑いて人間を狂わしている魔物は、狂人に憑いている自分の心が殺されたと思って、狂人から離れるというのである。こうした魔除けに使う草は、実際に何かの薬効があ

るのが普通であるが、これまでの資料にはそれが見当らない。

なお死骸草（ライケウ・キナ）という名は、もともとはライケ・キナ（殺す草）であったろうといわれている。

オオバタケシマラン

山岳地帯にある百合科の植物で、釧路や十勝ではカッコク・アマム（閑古鳥の穀物）と呼び、千歳ではチロンヌプ・キナ（キツネ草）とか、パウチ・キナ（淫魔の草）と呼んでいる。鳥や獣の名が植物につくのは、たいていい人間の役にたたないものの場合である。またパウチ・キナについて知里辞典には「『パウチ』にわ『巫女』『魔女』『巫女の憑神』『婬乱の魔』『狂乱の魔』等の意味がある。『ぱウチ・キナ』わそのような魔を追うために使った草の義であると思われる。」とある。

ヒカゲノカヅラ

山地に自生する杉の枝葉に似たシダ植物である。この草の胞子は石松子といって漢法薬に用いたという。知里辞典には、

頭痛の一種（後頭部から冠さって来る様な痛み）に「ホろケゥ・サパアラカ」horókew-sapaaraka

（狼・頭痛）と称するものがあり、それの手当法としてこの植物の茎葉で患者に鉢巻させ、またそれを束ねて枕にさせせた（真岡）。病魔除けに寝所の頭上に吊したり、胞子を傷口に撒布したりした（白浦）。

とあって、樺太《サハリン》では薬効を利用しホロケゥ・キナ（オオカミ草）とか、ドナハカイ・キナ（トナカイ草）とも呼んだというが、北海道での名称も利用法もきかない。

住宅用の草

ワラビ

十勝や天塩、石狩川上流などではワラビをドワと呼んでいるが、釧路地方ではチエプマキナとも呼んでいる。チエプマとは魚を焼くという意味に訳せるが、この草をそう名付ける理由が明らかでなく、あるいは別の意味があるのかもしれない。

この草の若い葉柄はやはり食糧にしたが、それほど重要な食草ではなかったらしい。この草は秋の枯葉がシカの毛色によく似ているので、シカと間違えて弓矢をつがえて忍び寄ったり、枯れたワラビ原だと思ってシカの群に近寄って逃げられたりしたことも多かったようである。ただ、山で狩小屋をつくるときには、この枯葉はよい囲いになり、寝床に敷くよい敷物にもなった。

ササ

笹の葉の上に落付け
　刀の上に落付け
これは日高三石でクマ送りのときにうたう謎のような神の踊歌《カムイ・リムセ》である。石狩川筋でも、
　笹　刀のつり紐
　笹の上に据えるか
というのがある。クマ送りのときにはササの葉を束ねた手草でクマの身体を祓って、クマに憑いている魔物を追い払うし、宗谷では、クマの神に供えるものは、ササの葉を重ねてオヒョウの皮でとじ合わせた、フルルサ（ササの敷物）という敷物にのせたりする。また刀は雄熊が神の国へ土産として持って帰るものであるから、それをうたったものであるようだ。

フッキソウ、フユノハナワラビ、サイハイランなどと同じように、深い積雪の下で厳しい冬の寒気に耐えて緑を守りつづけるササは、特別な力をもつものと考えられていた。日高平取ではフッタッ・カムイ（ササ神）とかタクサ・カムイ（手草神）と呼んで、天の神が最初にこの地上におろしたともいい伝えている。日蝕のときにササの葉に清水をつけて天上に向って振りかけ、気息奄奄としている日の神を正気づけようとしたりすることもある。

一般にはフル（ササ葉）とかフラシ（ササ葉の茎）、フタッ（葉をちぎったもの）、イキタラ（節のつながっている）などと呼ばれている。石狩川筋や余市、留萌地方にはウラシナイ（ササ川）という地名があり、北海道の東からオホーツク海岸にかけてはイキタラウシ（ササが多い）という地名になる。北見の生田原町はイキタラに当字をしたものである。

昔の小屋の屋根や壁はカヤやアシを材料にするのが普通であったが、ササの多い石狩川筋ではこれを束ねて屋根や壁をつくり、それをフラシ・チセ（ササ小屋）と呼んでいた。

日本の俗説ではササの実のなる年は凶作であるといわれているが、コタンの人々は山の神であるカムイ・ウナルペ（神の叔母様）がさずけてくれたものとして、ササの実をカムイ・アマム（神の穀物）と呼び、これを採集したあとは感謝の酒や木幣をあげた。阿寒地方ではアイヌ・アマム（人間の穀物）とも呼んだ。

食糧としてだけではなく、サケを食べて中毒したときには、ササの黒焼にしたものが妙薬であったというから、サケを常食にしていた時代には常備薬的存在でもあった。またニシンの油もよく用いたが、これが渋くなったときにササの葉を入れると渋味が消えたという。

どこにでもはびこって農業開拓には意地の悪い邪魔ものであったササも、コタンでは仕居や食生活、医薬、ときには呪術などと、多方面にわたって意外に利用価値の多いものであった。

オオイタドリ

アイヌの生活感情からすれば、この植物はハンゴンソウやヨブスマソウと同じように、空洞の茎をしたクドやクッタルの仲間であり、大きさまでがその仲間といいたいが、植物分類ではニシキギ科だそうである。

北海道にはクッタルシとかクッタラウシという地名が無数にある。クッタルは元来まっすぐのびた中が空洞の茎のことであるが、地名になっているクッタル・ウシはいずれもイタドリの群落をさしたもので、登別に近い虎杖浜はクッタル・ウシの翻訳であり、近くの倶多楽湖や湖畔の窟太郎山は当字である。十勝の新得町はもと屈足村といった。栗山町の久樽もクッタル・ウシからでたものであり、小樽市の中心街も昔はクタラウシといったところである。

本来はイコクッタルで、節の多くある、中が空洞の茎というべきであるが、普通クッタルというとそれはハンゴンソウでもヨブスマソウでもなく、オオイタドリをさしたようである。

この草の若い茎は皮をむいて生で食べた。これは部落《コタン》だけでなく、開拓地の子供たちの春のおやつがわりでもあった。枯れた茎を割ってオヤイケ（尻拭き）にするということも、開拓地では部落《コタン》の人たちに教えられたものであり、これを刈って冬囲にしたのも、日本人漁場よりも、部落《コタン》が先のようである。

オギ

オギの稈は狩猟のときの矢柄に使ったので、たんにキ（稈）と呼ぶところもあるがシキ（本当の稈）と呼ぶところもある。このことからすれば、キという言葉には多分に矢柄という意味が含まれていたように思われるが、スプネキ（矢柄になる稈）と呼ぶところもあるし、原野の稈の意であるヌプキと呼ぶところもあって様々である。

アシなどにくらべて茎がかたく丈夫なので、これを編んだ簾は魚を料理する台にしたり、ヒシの実や山草の刻んだのを乾すときの簾としてなくてはならないものであった。

世界をつくったコタンカラカムイ（あるいは人間に生活文化を教えたアイヌラックルともいわれている）が、空知川の方で悪いクマに大怪我をさせられたとき、コタンカラカムイの妹（奥方の意）は泣きながら兄のところへ駈けつけた。その途中、妹が口にたまった唾を吐きすてるとハクチョウになり、手洟をかむと洟水のおちたところにアシが生え、かたい洟のおちたところにはオギが生えた。妹はやっと兄のところにたどりつき、介抱して一緒に天上に帰って行ったが、そのとき地上で身につけたものは皆置いて行ったので、それらが皆様々な生きものになり、彼女の陰毛はカヤになった。カヤが群生しているのはそのためであるという。

カヤ

人間の始祖アイヌラックル（人間臭い神）が天上に行ったとき、天上の神がおいしいアワとヒエの御飯を御馳走してくれた。アイヌラックルはそのおいしいものを、何とか人間たちにも食べさせてやりたいと思って、カヤの箸で御飯を食べながら、その茎の中にアワとヒエの種をかくして（あるいは自分の両脛をたち割って、そこに一穂ずつをかくしたともいう）持ち帰り、作物というものをアイヌの国に移入したという伝承がある。

果たして作物の種子がそのようにして移入されたかどうかわからないが、昔はこの植物の茎を箸にした（北海道開拓当時開拓者たちも箸にした）ことが知れる。胆振穂別できいた話では、この箸を使うとなぜか雄弁になるということだった。

普通の草小屋は、アシのあるところではアシを屋根や壁の材料にした。またササの多いところではササを材料として笹小屋《フラッチセ》をつくり、カバの木が生えているところではその皮を剝いで樺皮小屋《タッチセ》をつくったが、カヤやオギの多いところではこれを材料にして萱小屋《キチセ》をつくった。

アイヌ語では東北部では原野に群生するという意味の、ヌプカウシという名で呼ぶが、西南部ではラペンペ（知里説によればラプ・エン・ペで、翼の鋭いものの意という）と呼んでいる。

アシ

釧路地方の祭のときの踊歌に次のようなのがある。

サリキ　ウシ　ナイ　コタン　（葦の生え茂っている沢の部落）
コー　ドイマ　レウケ　（そこまで遙かに曲りくねって）
ヘー　チュイ　ㇽㇷ゚　チュイ　ㇽㇷ゚（ヘー　川波が凍った　凍った）

これはアシを刈るときの労働歌であるともいわれている。アシは家の屋根や壁の材料にしたり、簾を編んで天井にあげたり、入口にさげて莚戸にする大事な建築用材であり、秋になるとそれを刈るのが女達の仕事だったから、そのときうたわれたとも考えられる。しかし労働のときはこうした叙景的な歌はあまりうたわず、多くの場合は恋歌の「ヤイシャマネナ」をうたうものなので、誰かが小屋つくりのアシを刈りに行ったら、アシ原のむこうの部落まで川が凍ってしまった、早くアシを刈って家をつくる用意をしなければならないと、即興的にうたったのが祭のときの踊歌になったかとも思われる。

アシを壁にした小屋にいると、低気圧が来て天候の変るときには、茎の中の空気が変化するので、音がして天気予報になったという。

アイヌ名のサㇽ・キは湿原の稈ということである。オギと同じようにスプ・キ（矢柄稈）といったり、ところによってはカムイ・スプキ（神の矢柄稈）というところもある。なぜそういうかは不明である。日高の沙流川はサㇽ・ペッ（湿原川）、北見の斜里はサㇽ・オマ・ペッ（湿原にある川）で、猿間川という川もある。佐呂間湖ももとはサㇽオマペッ（佐呂間川）という地名からでたものである。また日高には去場（サㇽ・パで湿原のかみて）、幌去（ポロ・サㇽで大湿原）、姉去（アネ・サㇽで細長い湿地）、十勝には更別（サㇽ・ペッで湿原川）などという地名がある。これらはいずれもアシの生えていた土地で、昔の生活と深いかかわりあいのあるところであった。

穂別の古老の言葉によれば、アシの地上茎が川下に向って川原を這っているときは洪水があるという。

ガマ

秋風が冷たく身にしむ頃になると、部落の日溜りに莚織器をもちだして、カラカラと乾いた小石の音をたてながら、夏に刈って乾しておいたフトイやガマを織って、敷物をつくる風景がみられた。

ガマのことを全道的にシ・キナ（本当の草）と呼んでいるが、ただキナとだけ呼んでもガマをさすことが多い。地名にキナウシとかキナチャウシとあるのはすべてガマのことで、漢字を当てて杵臼《きなうし》（栗山町）、黄臼内《きなうすない》（浦臼町）、木直《きなおし》（南茅部町）などとしているのもそれである。普通キナといった場合草の総称であるが、キナウシといった場合は草の群生を意味しない。知里辞典にも、……kinaわござを編む草をさす。ござを編む草わいろいろあるが、その中でガマが最も喜ばれるのでこの名があるのだとゆう。

とある。他の草で編んだものより柔らかく温いからである。

ガマ莚はたんに敷物にしたばかりでなく、かぶって寝る寝具にもしたし、丸小屋に巻きつけて天幕がわりにもし、また舟の帆にもするというように利用面が広かった。

祭事のときに祭壇を飾る幕や敷物もガマで織るが、これには木の皮や染料（クルミ、ハンノキの皮）で染めた木の皮を織り込んで美しい模様をつけたものである。またクマ送りのとき神になったクマの坐る場に敷かれるのも、死者を包んであの世に送るのもこのガマの莚である。いつか釧路の塘路湖を丸木舟でわたるとき、急にあらしにあって丸木舟の中に水しぶきがかかるので、ガマ莚でしぶきをさけようとして着たら、日頃はおとなしい古老が血相を変えてどなったので、びっくりしたことがある。あとできくとガマ莚で身体を包むのは死人ばかりだと説明してくれた。それでは寝具として布団のようにかけて寝るのはどういうわけだろう。

ガマの穂のことをシキナ・チ（ガマの陰茎）とかキナ・チと呼ぶところがある。穂は植物の陰茎だと見ているようである。この穂をほぐし、綿のようにして利用したところもあり、知里博士によれば黒焼にして、油でねっておできの薬にしたという。

フトイ

本州の東北部では「かつぎ」と呼んでいるが、アイヌ語のカドㇴキの訛りのようである。私の故郷の釧路地方ではオㇷ゚ネ・キナ（槍の柄のような草）と呼んでいる。魚を突くヤスとか銛の柄にはヤチダモやシウリなどの若木を用いるが、いずれにしてもフトイのように真直ぐにのびたものを使ったからである。

サハリンでは沼地に生えているのでト・キナ（沼草）と呼んだという。ガマのように温くないので、夏の敷物としてはこの方が快適であったという。

オオカサスゲ

ガマなどと一緒に沼べりの水中に自生する莎草科の植物である。普通ガツボといって、現在でも漁夫たちが流し針を整理する円座のようなものをつくるのに使われている。

アイヌ語ではポㇷ゚ケ・キナ（暖い草）といっている。これで編んだござは寝具としてあたたかく、屑は皮沓《ケリ》の中に入れて保温用にしたという。カムイ・キナ（クマ草）とかト・キナ（沼草）と呼ぶところもあり、

トキナ　ハム　（トキナの葉）
カムイ　コル　（神のもつ）
エムシ　サンケ　（刀を出せ）

という祭の踊歌がある。しかしフトイやサジオモダカもトキナと呼ぶことがあるし、北見美幌ではミズバショウもそう呼んでいる。

この歌は釧路の塘路でうたわれているものだが、この歌について伝えられる昔話に、クマが草を食べたくて、自分の宝物の刀を出して取換えたというのがある。これによるとこのトキナとはオオカサスゲではなく、ミズバショウのようにも思われる。というのは、ミズバショウのところでも述べたように、冬眠から出たクマは、腸の中につまっている脂肪を排出するために、この草の葉を下剤として食べ、腸の中を掃除するからである。そのためにミズバショウは、クマにとって自分の宝物である刀をも出さなければならないほど重要なものであった。

カムイ・キナ（クマ草）と呼ぶのも、クマ送りのときクマの身体を安置するござにしたり、サハリンでは送られる仔グマの身体を飾る帯をこれでつくったからのようである。

カサスゲ

サハリンではペッチャムン（川岸に群生している）というが、北海道ではイチャキナ（切れる草）と呼んでいる。うっかりさわると葉のふちで皮膚が切れるからである。

秋の夜空に出るプレヤデス（昴）星座にまつわる昔話につぎのようなものがある。

昔強情な娘たちがいた。畑に出て働けというと手がよごれるといって働かない。手がよごれたら、川で洗えというと、川で洗ったら川に落ちるといって口答えする。川に落ちたら草につかまってあがれというと、草につかまったら手が切れるといっていうことをきかない。ついに神様は強情なものの娘たちを、みせしめとして星にしてしまった。だからこの星は夏にはかくれていて、畑の終った冬にならないと出てこないのであるという。

この昔話にでてくる手の切れる草というのは、この三角形の葉をしたカサスゲのことである。乾燥してやはり敷物にした。

衣類と履物用の草

オオバイラクサ

一般にはたんにイラクサ（イライラする草）とか、カイグサ（痒い草）と呼んでいる。この草の若いのにはチクチク刺さる棘があって、触れるとあとが赤くはれあがって痛痒いからである。その若いときに摘んだものを、春の食卓の和えものなどにするが、草の立場からすればこの時代には触れてもらいたくないから、近よるものを棘でおどしているのであろう。

アイヌ名でもイリリプ（われわれをチクチク刺すもの）とか、イピシシプ（われわれを痛痒くするもの）と呼んでいるが、成長して棘がなくなり、さわっても痛くも痒くもなくなるとモセと呼ぶようになる。知里辞典によると、モセは朝鮮語の枯茎という意味と同じであるという。

サハリンアイヌはハイモセ（繊維の枯茎）と呼び、北海道でもイカライ（それをつくる繊維）と呼ぶところがあるのは、この皮の表皮を糸にして弓の弦にしたり、織物にしたからである。とくにサハリンでは織物といえば、オヒョウダモの厚司《アツシ》ではなくて、この草の繊維のものであったといってよい。サハリンではオヒョウダモの木が少く、イラクサの繊維が沢山得られたからで、女の人が一日かかって集めると十キロから三十キロも皮を集めることができたという。北海道では逆で、これで織った織物はレタラペ（白いもの）と呼ばれ、オヒョウ皮のものより上品な織物として珍重された。このことは、北海道各地にモセウシ（妹背牛、茂世丑、茂瀬牛）という地名が多いことによってもうかがい知ることができる。

知里博士がサハリンで採集した記事によれば、この草で布を織る手順はつぎのようなものである。秋十月頃に枯れたところを刈って、茎から表皮を剝がし、それを水につけておく。川貝の殻の縁で皮にのこっている茎をこそげおとして乾かし、冬になってからぬるま湯にひたして柔らかくし、水を取換えてさらし、雪の上において踏みつけ、また水に浸すという作業を繰返し、それを乾竿にかけて寒風にさらす。さらされて白い繊維になったところで縒りをかけて糸にし、織器にかけて布にするのである。

北海道ではこれほど丹念にさらすことがない。北海道ではまず枯れた茎を細く裂いて、それを一本ずつ裏の方から折って茎から皮を剝がす。その皮をそろえて一握りずつの束にし、一方の端を足で押えて、両手でもみながらしごきあげる。これを交互にくり返して荒皮をとり、その繊維を糸に縒って布に織ったものである。

ムカゴイラクサ

北海道では東北方言のアイコという名で呼び、開拓当時この草の繊維を糸にして、ほころびをつづったし、昔の監獄などでも囚人にイラクサ集めをさせたともいう。

アイヌ語ではポン・イピシシプ（小さいオオバイラクサ）というところもあるが、一般にはカパイ（表皮の繊維）と呼ぶ方が多い。なかにはシタ・カパイ（イヌの表皮の糸）とか、ハイ（繊維）、アイ（ハイの訛りか、もしくは棘があるの意味か）などと呼ぶところもあり、これが上川の愛別（イラクサ川）という地名になった。千歳市の祝梅もアイヌ語のシュクパイで、成長したムカゴイラクサのことであると説く人があり、日高の豪族波恵人《ハイウンクル》のハイも、この草と関係があるといわれている。

ポン・イピシシプと呼ぶのは、オオバイラクサに比較して草丈が三分の一か五分の一よりないからである。シタ・カパイと呼ばれるのは、小さいくせに棘にさわった時の痛みはこっちの力が数倍強いので、それに対する腹立たしさから生れた言葉かもしれない。

この草もやはり秋に茎が枯れてから採集する。束ねて木槌で叩くと、荒皮と茎も砕けとんで、表皮の繊維だけがのこるので、それで縫糸をつくったり織物にした。特にこれで織った厚司《アッシ》をカパイ厚司といった。

ワタスゲ

ケロムン（皮沓に入れる草）、チウシムン（われわれの履く草）などと呼ばれる。この草を乾してシカ皮やサケ皮でつくった沓《ケリ》の中に入れ、保温用にしたのでこの名がついたものである。もっとも、ケロ・ムンと呼ばれるのはこの草ばかりでなく、ネムロスゲやヤマアワもそう呼ばれ、タルマイスゲはイセポ・ケロムン（ウサギのケロムン）などともいわれる。これらはいずれも皮沓の保温に用いられたからである。

楽器にする草

ヨブスマソウ

私たちは子供の頃この草をボナ（棒菜）と呼んだ。ハンゴンソウよりも草丈が高く伸びるが、若い茎は山菜として味噌汁の実になったからであろう。ハンゴンソウと同じ菊科で、さらに一メートルも背丈が伸びる、雑草の中の巨人である。

アイヌ名では水を飲む空洞茎という意味の、ワッカ・クドとか、ワッカ・ク・クッタㇽ、ペ・クド、ペッ・クド、ペッ・クッタㇽなど色々に呼ばれている。この茎があれば川岸の高い崖の上からでも、橋の上からでも川水を吸いあげて飲むことができたからで、水飲み道具としてよく使われたことから名付けられたものである。

またチレッテ・クッタㇽ（われわれの吹き鳴らす空洞茎）とも呼ばれている。この茎の枯れたのを一メートル以上の長さに切り、先端の細い方を斜めにそぎ、そこに口をあてて強く吹き鳴らすと、単調

ヨブスマソウの茎を吹き鳴らす

ではあるがそれだけ物さびた音がでるからである。もっとも原始的な管楽器ということができよう。北海道では吹き口を斜めに切って吹き鳴らすのであるが、サハリンでは細い方を直角に切って、そこを咥えて筒の中の空気を吸って鳴らすのである。

子供たちはこの茎の中に水を入れて空中を振りまわし、空に虹を描いて遊んだり、茎の細い方に親指をあてて、太い方を水に入れて前後に強く動かすと、ポンプのように水が飛びだし、静かな部落《コタン》の川辺に歓声があがる。

この葉は三角形をした大形なので、フキの葉のように魚を包んで土に埋め、その上で焚火をして蒸し焼きにした。ウバユリ澱粉なども同じようにして食べたし、また茎の筒も、澱粉をむし焼きにする時の容器として利用された。この場合には澱粉をとかしてから茎の中に流し込むのである。

テンキグサ

ハマニンニクともいうがむしろテンキグサの方が通りがよい。この葉を乾かしてテンキという小物入れをつくるので名付けられたのであるが、テンキというのがアイヌ語であるか日本語であるかはっきりしない。

北海道ではアイヌ語でムリッというが、サハリンではマたㇵチとかマヂァチといって、この葉で柴笛をつくる。それにはまず葉のもとの方を三分の一ほど葉脈にそって三裂にさき、真中の葉脈の部分を折り曲げる。そして裂かない部分を唇にあて、口腔内の空気を多くしたり少くしたりしながら折り曲げた葉脈で打つと、口腔内の空気の状態の変化によって微妙な音階のちがいが生じ、一般に竹片をくり抜いた柴笛のムックリに似た音がでる。これをマヂァチ・ムックン（テンキグサの柴笛）という。サハリンではムックリをムックンというのである。

知里博士によればマヂァチまたはマたㇵチの語源はマサㇽ・チで、浜の草原の陰茎の意であるという。この草の穂が麦のように出たのをさしたようである。ところによってこの草の芽出しをマサㇵシ・ケㇺ（テンキグサの針）と呼ぶところがあるというが、それは砂浜を歩いていてこの草で蹠を刺されたからである。

マヂァチ・ムックン

その他の草

フクジュソウ

一月と二月には生命に突き刺さるような六日間の寒さがあり、川という川には氷の蓋ができて、新鮮な魚族の供給を拒否する。そこで人々はこの季節に入ると神送り（クマ送り）の行事をすませて、雪山に分け入って深雪の中にシカの群を追ったり、穴に籠るヒグマを探し求めたりしながら、ひたすら春がきて川の面に青空のうつる日を待ちわびるのだった。

川岸や大木の根元の雪が消え、大地の微笑のようなフクジュソウが咲きはじめると、凍っていた川の氷がおちて、潑剌としたイトウが川をのぼりはじめ、久しぶりにコタンは活気をとりもどす。それで釧路地方やオホーツク海岸ではイトウの来たことを知らせる花として、フクジュソウをチライ・アパッポ（イトウの花）と呼んでいる。子供たちはそれを採っては木の枝にさし、堅雪の上で凱歌をあげるのであった。なおその実はチライ・ウレップ（イトウの苺）、葉茎はチライ・キナ（イトウ草）と呼んでいる。
知里博士によると樺太《サハリン》ではこの実をドドテヘ（ツツドリの食うもの）といって、ツツドリが啼く頃に実になるものとしているが、ツツドリは「魚が多い　ドドッ　魚が多い　ドドッ」といって啼くのだといい、やはりこの花と魚との関係から名付けている。しかし一般にはクナウとか、クナウ・ノンノ（クナウ花）と呼んでいる。
またコタンには「フクジュソウのような目」という言葉がある。キラキラと光り輝き愛情にみちた目差や、心を射ぬくような鋭い目差をさすようで、この花が咲くと大地の生活に幸がもたらされるからであろう。そのように昔の生活と関係があったためと思われるが、この花についての昔話が各地に伝承されている。日高の沙流谷には、
昔、低い天上を支配する神の娘が、まれにみる美しい女神であったので、天上界の神々の間では彼女の歓心を得ようとして、今にも大騒動がもちあがりそうになった。そこで心配した父神は娘を花にして地上におろし、人間にみてもらうことになった。
という昔話がある。また同じ日高でも静内町の豊畑部落《コタン》では、
天上の雷神の妹神は、兄がうたた寝をしている間に盛装して地上におり、狂ったように踊りまわって大風を起し、人間界を散々にいためこわした。そのため人間の始祖のアイヌラックル（人間臭い神）から兄神が抗議を受けたので、怒った兄神は妹の髪を摑んで振りまわし、地中に踏み込んでしまった。妹神は島のかみてからのがれ出ようとするとまた踏みつけられ、しもてから出よ

うとしても踏み込まれるので、仕方なく土の底から目だけを出して兄神をにらんでいた。それがフクジュソウの花になったのである。

と伝えられている。また胆振の鵡川に伝承されているものはつぎの通りである。

クナウ女神は、天上で兄神と二人で暮していたが、人間界の神とあやまちをおかしたので、兄神の怒りにふれ、地上におりて花になった。しかし背が低いので他の草が伸びない春早くに花開いて、故郷の天上をなつかしんでいるのである。

渡島の八雲に伝わるものは伝承としては一番まとまっている。

雷神のカンナカムイの一番末の娘クナウは霧の女神で、天上界でも評判の美貌であった。ところが父の雷神はこの美しい女神の配偶者として、地上でネズミばかり追いかけまわしているテンの神を選んだ。親のきめた婚約はおきてによって本人の意志でくつがえす自由がなかったので、テンの方は大喜びであたりに吹聴して歩いていたが、嫁入りの日が近づくとクナウは霧のように姿をかくしてしまった。気も狂わんばかりにテンは仲間を集めて世界中を探しまわり、ついに草の間に小さくなって隠れていたクナウを発見した。テンはクナウを散々に打ちのめし踏みにじり、

「父のいいつけにさからい、夫にそむいた莫迦女はもう天に還れない、草になってしまえ」

といって呪った。そのためクナウは哀れな一本の草花になってしまった。

草にされたクナウは、一度でよいから恋しい天上の父の姿を見たいと思うが、いつもテンの配下の者が見張りをしているので、早春の雪の消え間からこっそり美しい顔を出して、遙かな天上の

故郷を見ているのである。

なぜこうした天上の女神が父や兄の勘気にふれ、地上におろされて草にされたという伝承があり、なぜクナウと呼ばれるのであるか明らかではないが、こうした伝承はチライ・アパッポ（イトウの花）と呼ばれる地方にはない。

釧路の雪裡地方では、この草の根を煎じて飲むと酒に酔ったようになり、あまり飲みすぎると死ぬともいわれている。それはこの草の根にはアドニンという強心剤がふくまれているからであろうということである。

タンポポ

釧路地方ではルチャウシアパッポ（道傍に沢山ある花）と呼んでいるが、胆振地方ではフクジュソウと同じくクナウと呼んだり、エピッチェ・ノンノ（禿げている花）と呼んだりしている。花のあとの冠毛が風に飛ばされて禿頭のようになるからであろう。

日高でもエピッチェ・キナ（禿頭の草）と呼ぶところがあるが、ホノイノイェプ（尻をよじりよじりするもの）と呼ぶところもある。この茎を切ると切口から裂けてまくれあがってゆくからであるが、呪術をする巫女が魔物を追い払うときに着物の裾をまくりあげて、「フッサ・フッサ」といって裾をふる所作に似ているからかもしれない。日高様似地方では雨乞いのとき、人目につかないようにしてこの花梗を石の上でつぶしながら「雨ふれ　雨ふれ」とうたったという。

オオサクラソウ

ユキワリソウ、ユキワリコザクラ、シロバナエゾコザクラ、エゾコザクラなど、植物愛好家の垂涎の的になる花にはアイヌ名がない。この花だけが釧路白糠でかろうじてウラㇽ・アパッポ（霧の花）と呼ばれている。濃霧の頃に咲くからかと思われる。あとは花という意味のアパッポというだけである。

コジャク

まだあたりが枯草ばかりのとき、林の中にいち早く柔らかい緑をひろげる山菜である。

アイヌ名ではイチャリ・キナ（それを散らす草）とかイチャリ・ポ（それを散らすもの）と呼んでいる。イ（それ）という言葉は神を敬称して間接的にいう場合にも使うが、直接表現しては具合の悪いものをさすときにも用いられる。この場合の「それ」は後者で、女性の月経やその他の時のことをさしている。この草は山菜として食用にしただけでなく、出来るだけ沢山採集して乾しておき、やわらかな桜紙のようにして用いたからである。

食用としては生で、あるいは焼いて食べたり、漬物にもしたという。

都会人に絶対的な人気のあるスズランの花も、部落《コタン》では三文の値打もない。日高や十勝のある地方ではシタ・プクサ（イヌのギョウジャニンニク）と呼んでいる。葉の形がギュウジャニンニクに似ているが食べられないからである。チロンノㇷ゚・キナ（キツネの草）、チロンノㇷ゚・フレップ（キツネのイチゴ）と呼ぶところもある。和名でも植物の名にイヌとかキツネがつくのは、人間にとって何の利用価値もないものであることが多いが、コタンでもそれは同じである。キツネの草とかキツネのイチゴというのは、朱色の珊瑚珠のような美しい大きな実がなるのに、それが腹のたしにならないことに対する、腹立ちまぎれの呼び名であろう。

本当に昔から伝承されたものであるか、それとも日本人の創作によるものであるかはっきりしないが、内浦湾に面した長万部《おしやまんべ》の古老からきいた話の中に次のようなものがある。

長万部から近い黒岩部落《コタン》と、室蘭の絵鞆部落《エトモコタン》との間で和人を奥地に入れるか入れないかで論争がおこり、それがこじれて戦争がおきそうになった。そのとき、黒岩の酋長は味方同士争うべきでないとして、絵鞆《エトモ》方に宝物と共に自分の娘を人質にやることにした。ところが娘は、親や兄弟に別れるくらいなら故郷の土地で殺された方がいいというので、娘をつれて行こうとした絵鞆部落《エトモコタン》の総酋長は「そういうなら仕方がない、希望通りにしよう」といって静狩山道の麓で娘を処刑した。その時ちょうどスズランの花が咲いていたので、娘はこの花の匂う頃になったら私を思い出して下さいといって死んでいったという。

これは永い間私の採集して歩いた中でただ一つのスズランに関する伝承であるが、先に断ったように、日本人的な創意が感じられる。しかし語ってくれた古老は決してうそをいうような人ではないので、伝承として記しておく。

ネマガリダケ

ササと同じようにウラシと呼ぶところもあるが、一般にはトプ（タケ）と呼んでいる。しかしさらにくわしく用途を表現して、オプネ・トプ（矢柄になるタケ）、アユシ・トプ（鏃のつくタケ）、ルムネ・トプ（鏃になるタケ）などと呼ぶところもある。これを弓の矢の矢柄にしたり、削って毒を塗る鏃にするからである。

当別と呼ばれている川は沼川（ト・ペッ）と訳されているが、もしかするとトプ・ペッ（タケ川）で、根曲竹川の意であったかもしれない。新十津川町の徳富も日本名ではなく、トプに巧みに当字をしたものである。

アカザ

本州の田舎でもアカザは天人が種をばらまいて歩くものだといわれているが、それほどいたるところに生えているので、シルシ・キナ（大地のいたるところにある草）と呼ぶところが多い。サハリンではチカパマム（チカプ・アマムで鳥のアワの意）といい、樺太《サハリン》の恵須取ではエゾノハマアカザをポンチカノヤ（小鳥のヨモギ）と呼んでいる。冬になると雪から出ている枯れ茎をスズメなどが集ってついばんでいるからである。

アヤメ

アヤメの蕾は、昔の漁場の帳場たちが、帳面をつけたり手紙を書く筆に似ているので、胆振地方ではカンピ・ヌイェ・プ（手紙を書くもの）とか、カンピ・ヌイェ・ノンノ（手紙を書く花）などと呼んでいる。十勝ではイチャニウ・アパッポ（マスの花）と呼び、この花が咲くと「マスが来るぞ」といって簗《テシ》をかけ、回転銛《マレッキ》を磨いたりしたという。私の故郷（釧路地方）ではクンネ・アパッポ（黒い花）と呼んでいた。昔の生活では色彩などをそれほどうるさく区別する必要がなく、黒も紫も青も、そして暗いということもクンネでよく、赤も褐色も橙も赤《フレ》でよく、白やレモン色はすべて白《レタル》でことがたりたのである。

日高から十勝にかけてはチェプ・エッコテ・キナ（魚をつなぎ合せる草）とも呼んだという。葉を刈って乾しておき、魚をつなぎ合せたりしたからである。これを見て藁のなかった時代の開拓者たちは草鞋をつくったともいう。

夏の水辺を青紫に彩るヒオオギアヤメをカムイ・カンピヌイェプ（神の筆）というところがある。また知里博士によれば、サハリンではテンの履く毛皮ともいうとあるが、その意味は明らかではない。

エゾカンゾウ

アヤメの一面に咲いているところは日中でも夕暮れのように暗く沈んでいるが、この花の咲いているところは日が暮れてもまだ陽があたっているように明るい。

この花をフレ・アパッポ（赤い花）と呼んだり、カッコク・ノンノ（閑古鳥花）とも呼ぶ。カッコーが啼く頃に原野を飾るからである。カッコーが啼くと川にマスがのぼりはじめ、コタンに灯がともったように明るくなるからである。またクイトプ・キナ（雁草）とか、チカプ・キナ（鳥草）というところもあるが、なぜそう呼ぶのかはっきりしない。おそらくカッコー花と同じ意味であろう。

知里辞典によると、サハリンアイヌは北海道のフクジュソウと同じく、チライ・ムン（イトウ草）と呼ぶそうである。サハリンではこの花の咲く頃にイトウがのぼってくるからだという。またこの花を茹でてヤマブドウの若芽をつぶした酢っぱい汁をかけ、花の酢のものにしたり、チタタㇷ゚（魚の鰭や氷頭《ひず》や白子を細かく刻んだ料理）に塩湯をくぐらした花を刻んで入れて食べたともいう。

クサフジ

この蔓がひどくからまり合っているところは、野獣でさえ通り抜けられない。サハリンではテシマ・カラ・キナ（テシマをつくる草）とか、ムン・テシマと呼ぶそうであるが、テシマとはコクワの蔓を海獣の皮紐でむすび合せてつくった、雪の上を歩く雪輪のことで、テシマのようにからまり合ったの意ではないかと思われる。釧路の屈斜路ではウオㇰ・ムン（互いにからまり合う草）と呼んでいる。

その他チカㇷ゚・キナ（鳥草）とかクイトㇷ゚・キナ（雁草。十勝ではアヤメもクイトㇷ゚キナという）など、鳥に関係のある呼び名もあるが、理由ははっきりしない。またスプン・クㇽ・キナという、ウグイと関係のある名も、またノイポㇽ・キナ（脳の草）と呼ぶ意味もはっきりしない。

キツリフネ

釧路地方の部落《コタン》の子供はカッコーの啼く頃に、この花を人差指の先にかぶせてピョコピョコと動かしながら、

カッコー　カッコー

とカッコーの啼き真似をして遊ぶ。それでカッコ・ムン（閑古鳥草）という名で呼んでいる。花の形もカッコーに似ているし、カッコーが啼くと川にマスがのぼって来て、部落《コタン》の生活が明るくなるのである。

この草の実が完熟すると、ちょっとさわっただけで果皮がパチッと裂けて反転し、その反動で中の種子が遠くにはじきとばされる。それで開拓地の子供たちはオコリベッチョ（おこりんぼ）などと呼んでいるが、知里辞典によるとサハリンではイム・キナ（イム〈陽性ヒステリー〉をする草）とか、ホペヌ・キナ（びっくりする草）、またはパハタキ・キナ（バッタ草）と呼ぶところがあるという。また北海道でも幌別ではオプケ・ムン（屁をする草）と呼ぶとも記されている。いずれもこの草の特徴を表現している名である。

また後志蘭越コタンではウヌエ・キナ（互いに書く草）といって、この花の汁で染物をしたともいう。日高様似でテㇰ・ヌエㇷ゚（手で書くもの）と呼ぶのも同じ意味かもしれない。

コンロンソウ

なぜかこの草をユㇰ・キナ（シカ草）とか、ユㇰ・ノンノ（シカ花）と呼んでいる。それほどシカの好きな草とも思われないのであるが、このあまり目立たない草に、どうしてこの名がついたか謎が深い。

イシミカワ

ママコノシリヌグイと同じ蓼科の植物で、よく着物や脛に逆刺でひっかかるこの草は、ただ人間をいためつけるだけで、別に役に立つことがなかった。そのためウンケレキナ（われわれをひっかく草）とか、エンケレムン（棘がひっかく草）と呼ばれるだけであった。

ミゾソバ

イシミカワの仲間で、溝をいっぱいにふさぎ、名前もイシミカワと同じくウンケレキナとかエンケレキナと呼ばれている。樺太《サハリン》ではウェンケレキナ（悪いひっかき草）とも呼ぶということである。

トクサ

シピシピウシ、シプシプウシ、チュチュプウシなどという地名がある。いずれもトクサの多いところの意である。シプシプとは戻り戻りするという意味で、家具や用具をつくるときに、トクサの茎の乾いたのでこすって仕上げるが、その操作から生れた名である。スギナやイヌスギナのこともオタ・

シプシプ（砂地のトクサ）と呼んでいる。

スギナ

トクサの仲間としてオタ・シプシプ（砂浜のトクサ）と呼ぶところが多いが、知里辞典によると胆振幌別では地上枝をテクシプシプ（tek〈手〉us〈多くある〉sipsip〈トクサ〉）といい、いわゆる土筆《つくし》をテクシプシプペプィケ（スギナの芽）といって、これを茹でて水出しをして汁の実にしたとある。また樺太《サハリン》でもこれを焼いて食べたり、ユリ類の鱗茎と混ぜて煮て食べたりしたこともある。

沼地に自生するイヌスギナや、砂地のハマドクサも同じようにオタ・シプシプというところが多いが、千歳ではイヌスギナをト・シプシプ（沼のトクサ）と呼んでいる。

オミナエシ

秋の七草の一つであるオミナエシ（女郎花）は部落《コタン》では女性ではなく、オトコヘシと同じようにタプカル・キナと呼ばれている。タプカルとは多く男性の長老たちが両手をひろげて力足を踏み、大地を踏みとどろかせて唸り声をあげ、偉力を誇示する踏舞のことであり、踏舞する草と呼んだのであるが、この草はそれ以外に別に生活とは関係がなかったようである。

ノガリヤス

北海道開拓のはじめ、稲作がなく藁を利用できなかった移民たちは、藁工品の材料に困ってコタンの人々に教えられたのか、あるいはたんに北海道にある藁のような草という意味でかアイヌ藁などという名でこの草を呼んだ。しかし別にこれで草履や草鞋をつくって履いたということをきかない。十勝足寄ではたんにキ（稈）と呼び、胆振穂別ではセタ・ムンチロ（イヌのアワ）と呼んでいる。宮部・神保両博士の『北海道アイヌ語植物名詳表』によれば、沙流、石狩ではトㇷ゚・キ（竹稈）とある。

ヤブジラミ

秋の林の中を歩いていると、着物の裾にしがみつくように附いてくるこの草の実は、まったく虱のシラミであるが、部落《コタン》ではシタ・タイキ（イヌのノミ）とかセタ・タイキ・ムンという。この草の実がイヌにでも人間にでも執拗についてて離れず、ノミのように人々をこまらせたことが名に現われている。

ヤブタバコ

千歳の古老からの訊書きによると、これをアイヌ・キナ（棘を持つ草）と呼ぶといい、宮部金吾博士によれば「ヤブタバコをAinu-kina（曲毛のある実をもつ草）、またIkerkina（掻く草）と云ふ」（『植物研究雑誌』第二四巻第一〜一二号）とある。古老によれば毒があって、目に入ると目が破れるという。

キンミズヒキ

キナ・ライタ（草・いが）とも、ライタ・ムン（いが草）ともいう。またダイコンソウのようにイパコカリプ（われわれの頭にからみつくもの）ともいっている。藪の中でクルミなどを拾っていると髪にからみついたり、イヌの尻尾を縄のようにしたり、放牧馬の鬣《たてがみ》などを一かたまりにして、宿主の移動によって新天地を開拓する、ちゃっかり者である。

ホオズキ

北海道では昔から自生していたかどうかわからないが、日本人漁場のあったところに多く、チウク・マウ（われわれの吹くマウ）と呼んでいる。マウは香気のこともいうが、ハマナスの実のこともいう。ホオズキの漿果がハマナスの実に似ているのでこの名がついたかと思う。

野生のイガホオズキの実は子供たちが採って食べたのでエカッチンペ（子供のたべるもの）と呼んだ。

エゾアブラガヤ

鉄分のあるような湿地帯に自生しているカヤで、なぜかカムイ・スㇷ゚キ（神のアシ）と呼んだり、ソンパオキナ（稜のある草）といったりしている。いずれにしても利用についてはそれほど重用ではなかったようである。

ハマニガナ

砂浜をどこまでも匍っているのでオタ・テシマ（砂浜を走っているもの）と呼んでいるだけで、生活には特別な関係がなかったようである。テシマは北海道でも樺太《サハリン》でも雪の上を歩く雪輪《かんじき》のことであるが、このテㇱマはテㇱパが原義で、ずっとすべってゆくものの意であると知里辞典にある。雪輪も一足一足雪の中を歩くだけのものではなく、雪の傾斜面を「ずっとすべってゆくもの」であったのである。

エゾアゼスゲ

ヒラギシスゲともいい、根釧《こんせん》原野の湿原帯に群落をつくる、いわゆる「谷地坊主」といわれているスゲで、屈斜路でも千歳でもタクッパ・ムン（株になっている草）と呼ぶ。屈斜路ではワシ鉤でワシを獲るアン（鷲猟小屋）の、川に面した方にはこのスゲをさげて、ワシから小屋の中の姿を覗かれないようにする。

名寄ではタクッペ・ムンといい、穂別ではタクッパといった。

マリモ

阿寒湖に行くと必ずどこかできかされる「恋マリモ」の主人公である。

アシの葉に秋風がサラサラと鳴る阿寒湖畔に、セトナという美しい娘がいた。セトノは親のきめた酋長の息子と許嫁の仲であったが、彼女には別に恋を語らう若者があった。コタンでは親の許さない恋に厳しい掟がある。二人の儚い恋の語らいは村人の知るところになり、掟をおかした若者は追われて湖に遁れ、悲恋にもだえる身を水清い湖底に沈めてしまった。失意に狂うセトナも若者の後を追って、月光の湖に丸木舟を漕ぎだし、再び部落には戻らなかった。それ以後湖の中には二つが一緒になったマリモを見るようになった。

しかしこの美しくも悲しい恋物語は、大正十五年に発行された某新聞記者氏の『アイヌの伝説』という本以外に、どこの古老の伝承の中にも見当らない。古老が知っているのは「昔、阿寒湖の神はなぜかヒシ（ペカンペ）が嫌いであった。だがヒシは何とかしてこの湖に置いてもらい、仲間を殖したいと思って神様にたのんだ。ところが神様は〝お前たちを置いただけでも湖がきたなくなるのに、お前たちが殖えたら、それを採る人間共が集って来て、綺麗な湖がよごされてしまう。絶対に置くわけにはいかん〟と冷たくいいわたした。ついに腹をたてたヒシは、湖畔の草や水中の藻をむしって湖の神に投げつけ、この沼から去ってしまった。その草や藻が芥にからまってできたのがマリモである。だからトカリプ（沼をころがるもの）というのだ」というもので、恋沙汰などどこにもでてこない。

また釧路の阿寒や塘路の老人たちによれば「あれは沼の化物の巣で、あれが多くなると魚が獲れなくなる。それであれをト・ラサンペ（沼の妖精）とかト・スルク（沼の毒）というんだ。よくいってト・アサム・オマプ（沼の底にあるもの）だな」と教えてくれた。

もしアイヌ伝説というのに悲しく美しい恋愛がからんでいたら、それは和人の創作伝説であると思って間違いない。

ミズゴケ

洞爺湖畔の小川にシンルシウㇰナイというのがある。シンルシとは大地の衣という意味で蘚苔類のことであるが、ここではミズゴケのことで、この小川にはミズゴケが多く、それを採集したからである。

ミズゴケは海に漁に行くときの、イタオマチㇷ゚（板をつけた丸木舟）という、海洋用の舟に桜皮で側板を綴じ付けるとき、板と舟の間の隙間につめて水の入るのを防ぐ大事な材料であった。

知里博士によるとサハリンでは赤児のおむつにしたり、脱脂綿のように傷の手当にも用いたという。

アマモ

小樽市に古代文字ではないかとされていた洞窟彫刻のある、手宮というところがある。手宮はもともとはテンムンヤ（柔らかな草の岸）で、柔らかい草とはアマモのことである。潮流の関係でここにアマモなどの海藻が寄りあがって堤をつくるところからつけられた地名であろう。宗谷にもセムシュという地名があるが、これもテンムン・ウシで、アマモの多いところの訛りであるという。

藻汐草などという浅海の草本で、ハクチョウが好んでその根を食うという。

農作物

アワ

十勝の伏古《ふしこ》に、

ヘー　リリムセ　（それ踊れ）
ヘー　クタ　（それ蒔け）
ヘー　チャリ　（それ撒きちらせ）

というアワまき歌がある。

アワは一般にムンチロ（子実の意）というアイヌ語で呼ばれているが、アイヌ・アマㇺ（人間の穀物）とも呼ぶ。これは雑草のイヌビエをセタ・アマㇺ（イヌの穀物）といったり、アカザをチカㇷ゚・アマㇺ（小鳥の穀物）と呼んだのに対して名付けたか、米をシサㇺ・アマㇺ（和人の穀物）といったのに対して、われわれアイヌの穀物といったものかもしれない。

農耕というものを生活の方法にしなかったコタンの人たちの間で、アイヌ名のついている作物があるということは、相当これらの作物が古くから移入され、生活の中に組み込まれていたことを示すもので、アイヌの始祖がヒエとともに天上から盗んで、自分の両脛をたち割った中に隠して地上にもたらしたと伝えられている。天上とはどこを示すものであるかわからないが、東北部の奥地の方にこの説話のないところを見ると、日本本土の方を指すようであり、臼《ニス》や杵《ユータニ》とともにもたらされたものであろうかと思われる。

日高静内の除草歌《ムンリシパウポポ》に、

トイタコロ　トイタ　（耕すものは　耕せ）
ムンヤンケコロ　ムンヤンケ（草とるものは　草むしれ）

というのがあり、同じ日高浦河の姉茶《あねちゃ》というところでは、

ススイオ　ススイオ
畑は　ススイオ
小さいけれど　ススイオ
食物よくでき
たくさんに　ススイオ
食物とれろ　ススイオ
食物とれろ　ススイオ

とうたって除草をしたという。作物が豊かに稔るように祈願をこめたことがわかる。こうして稔ったアワの穂は鎌で刈るのではなく、川貝の殻で一穂ずつ摘みとるのであるが、静内では、

オンタロ　シク（樽にいっぱい）

オ　ハ　オ（どっさりある）

オハレ　ヤン（それからあけろ）

オ　ハ　オ（どっさりある）

とうたいながら摘みとったという。またこの地方には穀殻をおさめる穀殻祭壇《ムルクタ・ヌサ》という祭壇があり、相当古くから、粗放的ではあるが農耕が行われていたことを物語っている。

ヒエ

アワと同じようにこの作物も、人間の始祖が天上の神の国から、種を盗んできたということになっている。一六二〇年に北海道を訪れた宣教師カルワーリュの旅行記に「蝦夷には莢果と稗《フイエ》以外には米または野菜の田畑がない」とあり、ヒエはこの時代以前から一部で耕作されていたようであるが、日本の記録では一七一六（享保元）年に「蝦夷に雑穀を植ゑしむ」と、農耕を奨励したことが見られる。しかし自然物採集で生活が充分にまかなえる漁狩猟になれた人々にとって、春に種を蒔いて秋まで収穫を待つ農耕は、あまりにも忍耐を強いられるものであり、容易に普及しなかったといえよう。

ヒエはピヤパとか、アワと同じようにアイヌ・アマㇺ（人間の穀物）と呼ばれている。アワとは夫婦の食糧といわれ、穀殻祭壇に穀殻を納めるときの祈り言葉の中では、「モシㇼコㇿ・ハル、チランケ・ハル、ハル・カッケマッ（国を支配する食糧、天降った食糧、食糧奥方）」という鄭重な呼び方をする。

穀物を蒔くときには、まずシカの落角か木の枝の股木の一方を尖らせてつくったシッタㇷ゚という、片手にもてる鶴嘴のようなもので草藪の土を耕す。そこに種をおろすと、あとはあまり除草もせずに稔りを待つ。秋になると、稔ってたれさがった穂を、アワと同じように雑草の中から一穂ずつ川貝の殻でつみとって集めるのであった。

アワとヒエの他にイナキビの歴史も古いらしく、メンクㇽという名がある。これらの穀物はもちろんご飯に炊いたであろうが、祭事のときの神々に捧げる酒の材料として最も多く用いられた。

センダイカブ

アタネといって昔から流行病のときはこればかり食べたという。しかし旭川の近文ではアタネとはセンダイカブではなく、ナタネよりも早く花をつけるし、種子を蒔かなくとも生える植物で、和人がワタネというものだといっており、はっきりしたことはわからない。しかし流行病の嫌うものであるということだけは一致している。

胆振鵡川ではイタンキ・カブ（大盃カブ）ともいったという。

ジャガイモ

特別の名称がなく、和人が一つ植えると五升もとれるといって、五升薯と呼んでいたのが訛って、コソイモとか、エモと呼んでいた。日本でも外国船がもたらしたのでジャガタライモと呼んだように、北海道でも寛政十（一七八九）年に徳川幕府が幕吏最上徳内にその耕作を奨励させた。そのときの歌と思われるのが北海道の南部から中央部にうたわれている。

イモ　モシリ　カイタ
ヌンケ　ヘ
トテ　ミサイナ

「イモというものが来たという話だ、えらんでとってみれよ」という意味である。
しかしこの作物は一般にあまりひろがらなかったようで、明治中期に天塩川筋の人々はまだその耕作の方法を知らなかったという。

その他の作物

イナキビ

アワやヒエよりおそく移入されたのか、この作物については説話が何も残っていないが、メンクルという名があるところからすれば、そんなに新しいものではないようにも思われる。

豆

この作物にはアイヌ名がなくマメといわれており、胆振鵡川コタンに次の話がある。

ある娘が母親と二人で暮らしていた。母は毎日魚やシカを獲って娘を育てていた。ある日娘が独りで遊んでいると、どこから来たか一人の娘があらわれた。それから毎日娘たちは一緒に遊ぶようになった。

ある日のこと、その娘が「私は天上の国の者だが、お前は心のよい娘なので、この種をお前にやろう、お前の畑に蒔いて、あたりにも分けてやりなさい」といって豆の種を置いていった。それから豆がコタンでもとれるようになったという。

本著作は一九七六年一一月に財団法人　法政大学出版局より刊行されました。
底本には一九九二年七月に刊行された新装版を用いました。

当書籍には今日一般的に不適切と思われる表現、語句がありますが、
本書発行時の時代的背景および作品価値等を考え、原文のままといたしました。

更科源蔵（さらしな　げんぞう）
1904年、北海道弟子屈町の開拓農家に生まれる。麻布獣医畜産学校に学ぶ。詩人・随筆家として、またアイヌ文化研究によって知られる。著書に自伝的エッセイ『原野』（法政大学出版局）をはじめ、詩集『種薯』『凍原の歌』など五十余冊がある。「アイヌの伝統音楽」約二千曲の録音・訳詞により、第18回NHK放送文化賞受賞。1985年9月25日逝去。

更科　光（さらしな　こう）
1948年、北海道札幌市に生まれる。1970年、北海学園大学卒業。会社勤めのかたわら父・源蔵の資料整理を手伝う。

コタン生物記　I
樹木・雑草篇　新版

2020年10月30日　第一刷印刷
2020年11月10日　第一刷発行

著　者　更科源蔵・更科光

発行者　清水一人
発行所　青土社

〒101-0051　東京都千代田区神田神保町1-29　市瀬ビル
［電話］03-3291-9831（編集）　03-3294-7829（営業）
［振替］00190-7-192955

印刷・製本　ディグ
装丁　大倉真一郎

ISBN978-4-7917-7178-3　Printed in Japan